林肯的幽默與智慧

任仲倫　著

千萬不要縱容自己，給自己找藉口。

哪怕是對自己的一點小克制，也會使人變得強而有力。

——林肯

前言

亞伯拉罕·林肯一八〇九年二月十二日—一八六五年四月十五日，美國第十六任總統，共和黨人，他是美國歷史上最偉大的政治家；也是一位睿智的思想家。

林肯被美國的權威期刊《大西洋月刊》評為「影響美國的100位人物」第一名。英國《泰晤士報》二〇〇八年組織專家委員會對43位美國總統分別以不同的標準進行「最偉大總統」排名，亞伯拉罕·林肯也列為第一。

這本書用214個小故事，分成六大章節，將林肯的一生做了相當完整的串連；從林肯的童年時代、青年時代、律師生涯、政壇之路、白宮歲月，以及完美成熟的人生智慧。

林肯是世界上最會說故事的總統，也許因為他博覽群書，也許由於他早年從事律師職業的緣故，林肯擅用故事比喻，以及用笑話來反擊敵對他的人，由於他天生正直，為人寬厚。所以，往往他是以幽默的方式來解嘲自己與反諷他人……

經過艱苦的生涯，雖然他的人生只有短短五十餘載，不過他那千錘百鍊的名句名言，以及他那獨特的幽默風格，卻成為世人最為懷念與尊敬的偉大人物。

這本書你可以單獨隨意翻閱哪個小故事，也可以從頭看到尾，它不僅是智慧的篇章，也是林肯的一生傳記，希望男女老少的讀者們都能從中獲得益處。謝謝！

林肯的話

努力向上的人，應當沒有時間和人吵架。
一想到吵架的結果，不是不愉快就是失去自制力，實在划不來。
若自己有五分的道理，再怎麼重大的事情，總該將有利的權益讓給對方；
縱然自己擁有十分的道理，若只是一件小事情，還是讓步較好。
在羊腸小徑上碰到狗，與其與狗爭道而被咬傷，毋寧讓路給牠要來得聰明些，
否則即使將狗殺死，也無法使你的傷痕癒合。

——亞伯拉罕．林肯

Lesson 01

早年生活・生活孕育的早熟智慧

Lesson 02

步入愛河・沉重的心靈跋涉

Lesson 03

律師生涯・政壇崛起前的助跑

Lesson 04

踏上政壇・用信念與人格角逐

Lesson 05

白宮歲月・生命充滿了歷史的硝煙

Lesson 06

人生智慧·生命中不熄的精神源泉

Lesson 01

早年生活．生活孕育的早熟智慧

亞伯拉罕．林肯在身處荒原的母親的陣痛之中誕生了，最先迎接他的是一張鋪著玉米外衣的簡陋小床。那是一八〇九年二月十二日星期天早晨，那是在美國肯德基州霍金維爾附近的密林中。

林肯的父親是英國移民的後裔，叫湯馬斯．林肯，母親名叫南西，都是維吉尼亞人。這是一對典型的美國拓荒者，成年累月地開墾著邊疆未醒的處女地。荒蕪的大自然和貧困的生活，是與他們不斷較量的生存對手，並且時常逼使他們四處遷徙，過著飄泊不定的動盪生活。

母親南西在林肯九歲時貧病交加地死去，被粗陋的雪橇拖向埋葬的山崗。聊可安慰的是，一年以後上門的繼母莎拉．布希．約翰斯頓以她的溫和與善良，給這個寒冷的家庭帶來了幾絲溫暖。他們生活是苦的，但為活著而感恩。林肯承認繼母給自己帶來了最深的影響，並親切地稱她是「天使母親」。

林肯的早年生活歷程寫滿了艱辛。他從童年時就開始幫助父親開荒種地，長大後當過種植園的雇工、擺渡工、商店夥計、木工和土地測量員等等；並且在「黑鷹戰爭」爆發時，應募入伍，擔任了自衛隊的隊長。在繁重的體力勞動和艱辛的底層生活中，林肯鍛鍊了自己的體質，也培養了淳樸的個性。他在一般百姓中生長、理解並同情一般百姓的生活疾苦，並願意隨時幫助那些窮苦的人們，同時他為人正直、態度誠懇。大家稱他是「誠實的亞伯」。

雖然他在貧困的生活中生長，但他有著開朗的性情，善於模仿當地一些古怪人物的滑稽動作，或者編說一些有趣的故事與笑話，給人們帶來開心的歡笑，這是他的絕招。年輕的林肯善於苦中作樂。

林肯渴望讀書求知。儘管他在整個童年時期只上了不滿一年的學校，但他頑強自學。從最初用炭塊在木板上練習寫字起步，到成年後養成博覽群書的習慣，被人們稱為「最有學問、最有智慧的朋友」。林肯沒有在寧靜的校園中完成他的知識啟蒙，而是在自己艱難的生命進程中，如飢似渴地追求知識。讀書給林肯展開一個新奇的世界，它拓寬了他的知識範圍，並賦予他敏銳的洞察力。這種早年養成的對知識追求的瘋狂，成了他整個人生智慧的無盡源頭。

林肯早年的生活孕育了他早熟的智慧。

1 何處下筆

林肯小時候對學習很有興趣。但由於家裡貧窮，買不起紙張，所以他就用木炭條在木板上練習書寫，有時候他在那些作為木屋牆壁的木頭上寫字或計算。等到木板的光白面上寫滿了字跡或數目，不知該從何處下筆時，聰明的小林肯總是不慌不忙地拿出刨刀，刨去木板上的字跡，然後重新開始寫字。

2 天生沒禮貌

小林肯非常熱切地希望見到陌生人。家裡一有陌生客人來，他就來到小木屋，只想聽到一些新的見聞，隨著就會問起一連串他想問的問題。常常是一個問題剛完，他的另一個問題又提出了，然後新的問題接踵而至。

他的父親不耐煩了，便來敲他的腦袋並喝罵道：「住嘴！纏著客人問東問西，煩死了，你能不能有點禮貌？滾開！」

小林肯悄悄的溜出去，委屈地對自己的好朋友說：「爸爸以為問別人太多的問題是不禮貌的。我想我天生就沒有禮貌。我想知道的事情，天知道竟會這麼多。」

3 太好的謊言

在十三歲時，小林肯就讀過《伊索寓言》、《天方夜譚》等書。他喜歡把裡邊的故事，一段一段地朗讀給繼母和兄妹們聽。有時候他的表哥丹尼斯．漢克斯聽後會突然來個批評，說：「林肯，這些故事全是謊言嘛！」

林肯聽了這話，並不放下手中的書，只是回答說：「這可是好得不得了的謊言啊！」於是，又高聲地朗讀下去。

4 割草賠書

小林肯向一個鄰居借了兩本人物傳記，因為他經常為這個鄰居幹些諸如挖樹根、除玉米等活兒。小林肯最喜歡看的是帕森・威姆斯的《華盛頓傳》，所以他在晚上盡可能花更多的時間去閱讀，並且在入睡時，他總是把書塞在木屋的木板縫裡，這樣等到翌日早晨，陽光一照進屋，他便可以伸手拿書繼續閱讀。不料有一天夜裡，天空突然下起雨來把書浸濕了。結果，鄰居拒絕收回受到污損的書，小林肯只好花了三天時間去割草，以賠償那位鄰居。

有人嘲笑小林肯吃了大虧，他卻不以為然。

他說：「我想知道的事情都在書本裡邊，誰為我找來我沒有讀過的書，那人就是我的好朋友。好朋友之間不計較吃不吃虧。」

5 隨手檢來的學問

除了書本以外，小林肯還注意通過多種途徑求得知識，後來他把這種知識叫做「隨手撿來的學問」。

他承包了他家裡和鄰居家裡的寫信任務。每次寫信時，他都會邊寫邊大聲念，同時不斷提出問題：「你想在信裡說些什麼？你打算怎麼說？你確實認為這樣說最好，還是覺得有更好的說法？」

這是他練習語法與作文的一種方法。

每逢法院開庭時期，小林肯總是要步行幾十哩路去聽律師們的辯論。後來，當他在田間勞動時，便常常會丟掉鋤頭或乾草叉，倚著圍籬，大段大段地重複背誦他所聽到的律師們的辯論詞。

有時候也會模仿那些雲遊四方的福音傳教士佈道的樣子。這是他練習語言表達力的重要途徑。

當大人們在交談時，他總是認真思索，並儘量理解他們的意思。如果大人的談話他聽不懂，小林肯就會變得焦躁不安。

他在回憶這段經歷時說：「非等到我思索出來，我是睡不著覺的。而且就是到了我以為我已經思索出來了，我尚且還不太滿意；我就會一直翻來覆去地想個不停，直到我以為我可以用明白淺顯的話，把我的想法說給我認識的隨便哪個男孩聽，他們也都能聽懂得，才算完事。」

6 討價不還價

有一天，林肯的父親想買一匹馬，正好他們的鄰居有馬要出售。小林肯的父親要他過去把馬買回來。父親說：「那匹馬你先出五十塊錢，要是這個價錢鄰居不肯賣，最多你可以出到六十塊錢。」

小林肯走到鄰居那裡說：「勃蘭克先生，我爸爸想買下你的馬，他要我先出五十塊錢的價錢，如果五十塊錢我買不下來時，可以把價錢加到六十塊。可是我已經打定主意，我只肯出五十塊錢買你的馬。」

小林肯的誠實和堅決，使他最終以五十塊錢買下了那匹馬。

7 賺錢也賺自信

有一天，已經十八歲的林肯駕自己的船去新奧爾良下游。湊巧有一艘輪船也準備順流而下。當時在西部小河沒有碼頭，所以旅客們必須自己乘小船出去，然後輪船才停下來接他們上船。

這時有兩個旅客看中了林肯的小船，要求他把他們送上停在江中的輪船。林肯答應後，便把這兩個客人連同他們的箱子一起搬上了輪船的甲板。當輪船準備起錨時，那兩個旅客每人從口袋裡掏出一個五毛的銀幣，投在林肯的小船上。

林肯撿起那些錢時，他簡直無法相信自己的眼睛，他實在難以相信，一個窮孩子竟能賺到一塊錢，而且是老老實實工作賺到的一塊錢。

這件小事被林肯認為是「一生中重要的一件小事」。因為從那時起，林肯成了一個充滿更多希望和自信的人，他看到了自己勞動所獲得的價值。

8
「我非狠狠攻擊不可！」

林肯第一次來到新奧爾良時，就感受到身為奴隸的人們的生活慘狀。

在街上貼著許多奴隸販子的廣告，其中有一張寫著：「願隨時出高價購買各類黑人，立付現金，也可代客銷售，收取佣金。特設專供存放黑人的圈欄和牢房。」

林肯也親眼看到了奴隸販賣。那個被出售的是一個強健而又標緻的黑白混血女郎。想賣她的人捏弄著她的身軀，叫她在屋裡跑來跑去，像是在販賣一匹馬。

這件事使林肯大倒胃口，他在離開現場時對同伴說：「我要是能有機會攻擊這件事，我非狠狠地攻擊不可！」

9 冰河救狗

一八三〇年初春，林肯全家坐了一輛牛拉的篷車遷居到伊利諾州。（編按・伊利諾州係非蓄黑奴的州。）

當牛車好不容易掙扎著穿過草原的泥濘和冰雪後，他們發現家裡養的那條雜種狗掉在後面。家人都贊成讓牠自生自滅。可是林肯看到對岸的小狗猶如大難臨頭般地跑來跑去，心裡怎麼也忍受不了。所以他脫了鞋襪，重新涉水過河，把那條發抖的小狗挾在腋下帶了回來。

林肯事後對人說：「看著小狗那樣欣喜若狂地跳躍著，並且做出小狗所特有的種種感激的表示，我雖然吃了苦，挨了凍，但心已裡覺得自己已經得到了足夠的補償。」

林肯的這種深刻的憐憫心，在他的童年時代早已萌生。他在學校中第一次的作文，就是有感於他的同伴殘酷地戲弄小動物而寫的。他的同伴經常捉來一些泥龜，然後將滾燙的煤炭放在其背上。林肯懇求他們停止這種行為，並且用他的赤腳踢開那些煤炭。他的第一篇作文便是呼籲人們要付出對小動物的憐憫。

這種憐憫心，成了他成年之後的人格特徵。

10 傷痕的來歷

林肯在自傳中這樣描述自己：

「至於我本人的形象，我想這樣寫就可以了：身高6呎4吋左右，身材瘦削，一般體重是180磅，臉色棕黑，頭髮又黑又粗，一雙灰色的眼睛——至於別的特徵，我就說不上來了。」

但有些細心的傳記作家卻發現在他的右眼旁，有塊使他顯得格外冷峻的傷疤。說起這塊傷痕的來歷，那還是他住在印第安納州時候的事。有一次，林肯幫人划一隻平底船順流而下，夜晚在靠近一家大農場的地方停泊。半夜裡突然有一群黑人歹徒帶著刀棒爬上船來。他們打算把船上的人殺掉，將屍體投進河裡，然後把船和貨物帶回賊窩。

當時，被驚醒的林肯搶過一根棍棒，用他又長又有力的手把三個歹徒打落河中，然後追擊逃上岸的餘黨。就在搏鬥中，林肯的頭被其中一個歹徒用刀砍了一下，使他在右眼上留下了一個傷痕，並一直保留到他揮別了人間。林肯的勇敢，給人們留下了深刻的印象。

11 最有禮貌的紳士

林肯愛講笑話是出了名的。

有一次他和別人講起了他的叔父，他說：「我那位過世的叔父是世界上最有禮貌的一位紳士。正當他航行在密西西比河時，船突然沉沒了。我的叔父掉進了河裡，可他卻把腦袋又一次浮出水面，脫去帽子，說：『各位女士，各位先生，你們能原諒我先行失陪吧？』然後，他才沉沒下去……」

12 我又不是小雞

一八三二年，當地組織自衛隊與印第安人的首領黑鷹作戰。林肯自動報名參加，並被連隊的人選為隊長。有人問林肯：「你難道就不怕強悍凶猛的黑鷹嗎？」

「是啊，我想是不會的，」這位年輕的隊長驕傲地回答：「我又不是小雞。」

結果，林肯在服役期間從來沒有遇到過一次戰爭。

他只好自我調侃說：「可是，我跟蚊子兵團倒是進行了多次的血戰。」

13 永遠也見不到你了

年輕的林肯入了伍，正要踏上去打黑鷹的征途。

他的上校身材長得矮小，大約只有一米四左右，而林肯卻是又瘦又高，所以，看他走起路來感覺有點懶散。

那位短小精悍的上校看得不順眼，就招呼林肯：

「來，林肯，把頭挺直了，高一點，兄弟！」

「是的，長官。」

「高一點，兄弟，再高一點！」

林肯盡可能把他細長的頭頸挺起來，說：

「怎麼樣？長官。」

「對啦，兄弟，但是稍稍再高一點。」

「就叫我保持這個樣子嗎？」

「不錯，兄弟，當然啦！」

「那麼，」林肯帶著一副悲傷的樣子說：「再見啦，上校，因為我再也看不到你了！」

14 重新集合

在黑鷹戰爭期間，林肯隊長要訓練他的士兵。他命令他手下的二十幾名士兵排成橫隊「齊步前進」。

當這支橫隊來到一個籬笆缺口的時候，林肯怎麼也想不起合適的口令，以便把這支橫隊改成縱隊後，順利地從缺口處通過。

眼看隊伍就要碰壁了，林肯還是沒有想起合適的口令，他於是急中生智地高聲喊道：「全體注意，立定！解散！然後在籬笆缺口那邊重新集合！」

就這樣，隊伍通過了籬笆缺口處。

15 街道為什麼變彎了

林肯經營買賣的本領遠遠不如他講故事和講笑話的本領。他和人合夥的雜貨店辦了不到幾個月就倒閉了。為了維持生活，他只好當了助理測量員。

林肯接受這個差使後，就買了一個指南針和一副測鏈，以及一大堆有關測量的著作。經過六個星期的努力，他終於掌握了測量技術，不久便以測量的細心準確而遠近聞名。可是有一次在彼得斯堡，他卻把一條本來應該筆直的街道設計成彎的。後來的人們難以理解街道為什麼變成彎的？

根據林肯當年的同事說明了其中的緣由：「原來如果按常規把這條街搞成筆直的話，那麼寡婦邁瑪．埃爾莫爾的房子就要被劃到街心中去，而會導致被拆除的命運。但她和她的孩子只有一個小小的農場。為了不損害她的利益，好心的林肯只好讓街道打了個彎囉！

16 什麼時候該吃午飯

林肯在當測量員時，有一天中午，他到霍柏克太太家裡吃便飯。霍柏克太太很喜歡這位年輕好心的林肯先生，只是她覺得有點抱歉，因為還沒有開始做午飯。她說她家裡的老鐘走不動了，所以她不知道現在是什麼時辰了。

飯後，林肯對霍柏克太太說：「我可以想個辦法，即使妳家裡鐘不走了，也讓妳知道什麼時候該吃午飯了。」

於是，林肯把他的羅盤針在木屋的地板上放好了，然後拿起錐，從門框的邊緣開始，對正南北方，在地板上劃了一道線。林肯對霍柏克太太說：「等門框的影子碰到這條線時，就是正午十二點了。」

17 誠實的林肯

林肯的人格魅力，一直是人們津津樂道的。

「誠實」——是他人格最鮮明的標誌。

早在他年輕的時候，關於林肯如何誠實的故事就到處傳開了。

比如，說他在開雜貨店時，一個婦女買紡織品時多付了幾分錢，為了退回這幾分錢，林肯步行了6哩路。又有一次，他發覺給一位女顧客少秤了4盎司茶葉，為此他又跑了好幾哩路去給她補上。

然而，更為人們所津津樂道的是他當小鎮郵政局長時的誠實故事——

一八三三年，林肯被任命為紐撒冷的郵政局長，他一直保持著這個位置，直到這個郵政局被撤銷。當時郵政局遺留下16～18美元左右的公款，也許由於這筆款子太小，郵政總局始終沒有派人來取。直到幾年後的一天，有個郵政總局的代理人來找林肯要這筆錢。

那時的林肯正處在貧困中，他的朋友亨利醫生怕他繳不出這筆錢款，悄悄地把他拉到一邊，想借給他錢。然而，林肯卻沒有搭理，他請來人稍坐一會，然後從寄宿的公寓裡帶來一只藍色的舊襪子，林肯把藏在舊襪子裡的銀幣和銅幣倒在桌子上。郵政總局的代理人清點一下，一個子都不少，而且全是原本的那些錢幣。這麼多年了，不論林肯多麼需要錢，但他從來沒有動用公家的一分錢，這使得周圍的人們特別感動。

「誠實的林肯」成了人們對林肯人格公認的評價。

18 留在大衣裡

林肯喜歡與別人打趣開玩笑。那天林肯準備進城，路上看見有位先生正駕車前行。他走上去和那位先生聊天。

林肯問：「先生，你能費心把我的大衣帶進城裡去嗎？」

「非常樂意！」那位先生不解地問道：「可是你又怎麼把它取回來呢？」

「啊，那很容易，」林肯回答說：「因為我想把自己留在大衣裡面呀！」

19 你要哪一件

年輕林肯的生活十分拮据。

有一位朋友很不識趣，他到林肯那裡去想跟林肯借一件「硬領襯衫」。

「我只有兩件，」林肯說：「一件我剛剛脫下來要換洗的，一件我剛剛穿上去，你到底要哪一件？」

那位朋友聽了，要哪一件都不好意思遂打道回府。

Lesson 02

步入愛河・沉重的心靈跋涉

年輕時的林肯見到女性總是忸怩不安的。他曾經這樣說過：「我現在得到這樣一個結論，絕對不要再動結婚的念頭，理由是這樣的：我對那些笨得願意要我的人，是絕對不會感到滿意的。」

由於自卑與自尊擁抱在一起，使得林肯的愛情經歷變得非同一般。

愛情，有時並不是受理性的韁繩所駕馭的。儘管年輕的林肯對於女性缺乏足夠的自信，但情感世界泛起的洶湧波濤，畢竟會誘惑他去追求愛的浪頭。雖然這種追求並沒有獲得他在政治世界中所獲得的那種輝煌成就。

人們傳說林肯有過一段夢一般的初戀。那時正處在打零工生涯的林肯，深深地愛上了安妮．羅特利基，她是一個有著金黃頭髮和藍色眼睛的姑娘，父親在新沙連開酒館。只要他與她在一起，生命就會展示一種神聖的嬌柔，一種新奇的意義。

當林肯最初接觸到那套布拉克．史東的法律注釋全套版本，並有志在法律方面出人頭地時，安妮．羅特利基投以讚許的目光。但是這對情人的狂熱卻為時短暫。一八三五年秋天，安妮被醫生診斷為傷寒症，不久便離開人世。

以後的幾個星期，是林肯生平中最悲慘的日子，他反覆訴說自己痛不欲生，簡直想要自殺。他的朋友把他的小刀拿走，又防止他投河自盡。一天又一天，他常常走五哩路到安妮所埋葬的公墓憑吊；遇到有暴風雨，林肯便格外傷感，說不忍心雨水打落在安妮的墳上。

儘管當今的歷史學家不怎麼相信這個美麗而纏綿的愛情故事，理由是在林肯的信件和文章中找不到這方面的證據。但許多熟悉林肯的人說，在安妮逝世近三十年以後，林肯談起安妮・羅特利基還是柔情萬千、無限感傷。

林肯說：「我是真心實意地愛她，直到如今還時常、時常想念她。」

叫人費解的是，在安妮・羅特利基逝世一年後，林肯竟然稀裡糊塗地答應要跟還沒有彼此熟悉的瑪麗・歐文結婚。瑪麗・歐文是肯德基一位有錢的老處女，是林肯在新沙連的一位朋友的妹妹。

當林肯重新與她見了面以後，心裡便明白自己無論如何是不會喜歡她的。可是因為他已經親口答應過瑪麗的姊姊：「不管好歹，我總是要娶她的。」這使得向來講話守信用的林肯，感到為難極了。好在以後林肯在一年半的時間裡終於擺脫了她，因為她相信如果跟他結婚，日子一定是不會好過的。

一八三八年，瑪麗·歐文終於決定取消婚約，林肯這才如釋重負……

又過了一年，林肯在朋友家裡認識了瑪麗·陶德小姐。瑪麗小姐當時二十一歲，體態豐滿，個性活潑，畢業於培養上流婦女的學校。她對於政治深感興趣，款待了一批政界的求婚者。

自從林肯認識了瑪麗小姐後，便被她磁石般的魅力所吸引。

一八四〇年，林肯與瑪麗小姐訂了婚。儘管瑪麗小姐的親屬極力反對，說她和林肯出身於不同的階級，不是門當戶對。但瑪麗小姐卻直截了當地說，林肯有前途，是她所遇到的人中她最中意的對象。

但是，訂婚後不久，林肯與瑪麗·陶德之間的矛盾就逐漸萌生了。瑪麗小姐要用自己的生活方式來改造在她看來粗俗的林肯，結果使得林肯感到坐立不安，以至於他時常設法迴避她。加上林肯這時對一位名叫麥蒂達·愛德華的姑娘又突然鍾情起來了，這使得原先充滿希望的婚約變成吹毛求疵的爭執，林肯敏感地看到了這場婚姻所潛伏著的危機。結果，當瑪麗·陶德小姐披著潔白的婚紗出現在預定的婚禮上時，林肯卻始終沒有出現。他整夜呆坐在自己的事務所裡……

然而，命運又一次安排他們重新走到一起。這個命運轉折的過程，由於純屬私情而使歷史學家感到撲朔迷離。但林肯還是勉強且苦痛地參加了被延遲的婚禮，據說是為了維持自己的信譽。互贈的結婚戒指上刻著「永愛不渝」，但真相可用林肯對朋友的話來描述，他「是到地獄去了」。

一八四二年十一月四日，這對三十三歲的新郎與二十四歲的新娘，終於舉行了婚禮。

婚後，他們先後有了四個兒子。孩子們的誕生雖然給林肯帶來不少的歡樂，但林肯夫婦之間的裂縫卻始終沒有彌合，並且從家庭蔓延到社會。

在林肯入主白宮後，瑪麗曾因衣著奢侈、大宴賓客而遭受批評，甚至還被指控為南軍間諜。林肯被刺後，她悲慘地被人送進瘋人院。儘管有許多麻煩，林肯夫婦的婚姻始終沒有破裂。

愛情的世界無比微妙！它是一塊三稜鏡，折射著人們多彩的情感，也折射著人們智慧、人格和複雜的心態。林肯愛情世界的甜酸苦辣，同樣是折射林肯人生的三稜鏡。

20 愛我所愛

那年，林肯愛上了一個金髮姑娘，她叫安妮．羅特利基，是一個酒店主人的女兒。在當時，婦女經常喜歡聚集在一起縫補棉被之類的日常用物，安妮也沒有例外地被邀集去參加這些聚會。林肯總是情深意篤地在早上和她一起騎馬到縫補棉被的地方，晚上則又把她接回來。

有一次，林肯很大膽地走進那間婦女們集中的屋子裡——那是男子們很少敢走進去的地方——並且坐在安妮的身旁。安妮的臉上泛紅了，在興奮與緊張中居然把棉被縫得歪歪斜斜。女伴們都笑了，但林肯卻旁若無人。

據說，女主人保留了這床棉被，後來在林肯當了美國總統後，她便得意揚揚地向來賓展覽總統的情人所縫的不整齊的針法。

21 憂鬱會從他身上滴下來

正當林肯與安妮‧羅特利基處在熱戀之中，命運卻殘酷地捉弄了他們。安妮突然患上了傷寒病，她終於在極度疲勞中再也不能夠從被單上面抬起雙手。臨死時，林肯在她的呼喚中來到她的身邊，這是這一對情人的最後會晤。

安妮逝世後，林肯一次又一次到五哩外的墳墓去看望她。有時在那邊坐得太久，以致朋友們焦急起來。遇到暴風雨，他便慟哭不已，說他不忍心想到雨水打落在安妮的墳墓上。有一次他在河邊徘徊，口裡喃喃說著不三不四的句子，人們怕他發瘋了，所以監視他以免其投河自盡，又把他身邊的小刀拿走，以防萬一。

他的朋友後來在描述林肯當時的情景時說：「當他走路時，好像憂鬱從他的身上滴下來。」

22 賣力地愚弄了自己

一八三六年的秋天，林肯認識的一位女性好朋友向他提議，她將把自己的妹妹帶來，條件是林肯必須成為她的妹夫。也不知道是什麼神使鬼差的原因，林肯居然答應了。

據林肯私下說，因為他在三年前見過她的妹妹，覺得對方聰明伶俐，討人喜歡，所以找不到好的理由不與她結成良緣。

可是，當這位妹妹來到林肯的面前時，他知道自己無論如何都不會喜歡她。

據林肯自己描述的第一印象是這樣的，「我知道她是太胖了一點，可是現在她幾乎同福爾斯泰夫不相上下。我也知道人家叫她老處女，我相信這個綽號至少有一半是取對了，可現在我一看見她，我無論如何也不能不想到我的母親。」

但是，林肯已經向她的姊姊承諾——說過自己願意與她白頭偕老，因此他覺得自己不能食言。

林肯在把這件魯莽之事，拖到面子上快要過不下去的時候，才決定鼓起勇氣，以一種自我犧牲的精神來維護自己的人格。於是，林肯開門見山向她求婚，但結果卻遭到她的拒絕。再一次求婚，對方還是拒絕了。

用林肯自己的話說，他的虛榮心受到了嚴重的傷害，因為，「她居然把我連同我那空想出來的偉大胸懷一起拒之門外。」林肯事後感嘆地說：「在這件事上，我變成十分賣力地愚弄了自己。」

23 笨得不能再笨

林肯在社交圈中認識了瑪麗．陶德小姐。林肯被她的魅力所吸引，一直渴望和她深入接觸。有一天，並不會跳舞的林肯來到了舞會上，他的目標就是瑪麗小姐。

瑪麗小姐和女友坐在一起，林肯一副害羞的樣子走向前去，邀請瑪麗跳舞：「瑪麗小姐，我想請妳跳舞，請原諒我這份笨拙的企盼。」

瑪麗小姐很大方地接受了邀請。可當她跟著這位笨手笨腳的舞伴跳完一支舞曲時，她的雙腳卻受盡了虐待。

「好啊，瑪麗，林肯和妳跳了舞，也達到了他那笨拙的企盼了吧？」她的女友不無調侃的說著。

「他自然是達到了，」瑪麗小姐回答說：「而且笨得不能再笨了啊！」

24 世界上不再會有愉快的面孔

林肯在與瑪麗小姐訂婚後，很快就發現他們之間存在的隔閡，並使他預感到這場婚姻所潛伏著的危機，所以在最初預定的婚禮上，林肯逃避了。

當時的林肯處在極度的內心矛盾中：是硬著頭皮走進這樁已經預定的不幸婚姻，還是逃避它？他向自己律師事業的合夥人披露了自己痛苦的心聲：

「活著的人當中，我是一個最不幸的人了。如果把我現在所有的這些感受平均分配到全人類的家庭中去，那麼這個世界上就不再會有愉快的面孔了。」

25 用親吻來退婚

經過一段交往之後，林肯認為瑪麗．陶德並不適合當個妻子，林肯於是打算與瑪麗．陶德解除婚約。

他的朋友施華特為他打氣，並告訴他：「現在假若你有男子漢氣魄，就應該親自去會晤瑪麗。你若不愛她就把事實告訴她，說你不願意和她結婚。要小心不可多嘴，一有機會就馬上告退。」

於是，林肯扣好他的大衣，毅然決然地走了出去。

等到晚上十一點多，林肯終於回家了。

施華特焦急地問：「喂，老弟，你按照我的話去做了沒有？」

「是的，我照辦了。」林肯心事重重地回答，「當我告訴瑪麗我不愛她的時候，她便放聲大哭，幾乎要從她所坐的椅子上跳起來，搓著雙手顯得很痛苦，並說些騙子應當自己小心受騙之類的話。」

「那後來你說了些什麼？」

施華特忍不住又追問下去，他要打破沙鍋問到底。

「老實說，施華特，我實在忍受不了她的痛苦，我發覺自己也淚流滿面。我雙手將她抱起來，並和她親吻了。」

26 擔心兒子的腳

林肯的第一個孩子羅伯特．陶德臨出生時，林肯家的朋友和鄰居都來祝賀。德爾先生恭喜林肯快要做爸爸了，並說：「母子一定會和料想的一樣平安無事。」

林肯向他致謝之後，想了一想，他說：

「只是我很害怕。」

「為什麼？」德爾先生追問道；「什麼事情讓你驚慌？」

「這個嘛！」林肯先生慢條斯理地說：「我怕的是孩子可能一隻腳像瑪麗，另一隻腳像我。」

因為——林肯的兩條腿長得又細又長，而瑪麗卻是身材矮小的女人。

27 林肯的難題

有一天，鄰居們看見林肯面對那兩個又哭又鬧的兒子似乎束手無策。

鄰居問林肯：「發生了什麼事？」

林肯雙手一攤，說：「這和全世界的情形是一個樣子。我手中有三個胡桃，而他們每人卻都要兩個。」

28 對不起，法官先生

林肯縱容孩子是出了名的。

例如，有一次，他正和一位最高法院的法官一起下棋。他的兒子羅伯特來叫他吃飯，林肯他們下得正高興，所以沒有搭理，繼續下棋。孩子第二次來，報告母親又在催促吃飯，林肯隨口答應了，卻依然下著棋。

第三次羅伯特再來叫喊，林肯依然興致未減。於是，那孩子退後一步，猛地一下就把棋盤踢得比林肯和法官的頭還高。

「對不起，法官先生，」林肯微笑著說：「我想我們以後再找時間下棋吧！」

他顯然絲毫沒有想到要教育一下他那個頑皮失禮的孩子。

29 修飾整齊的林肯像，就無人認識了

林肯生性隨和，不拘小節。他時常穿一件髒兮兮的麻布褂當外衣，其背後的汗跡斑斑，就像一幅大陸地圖。同時他也不大梳理他那好似馬鬃般的頭髮，每當林肯夫人瑪麗幫他梳理整齊後，馬上就又會被他的帽子所弄亂，因為他的帽子裡塞滿了書信、公文和鉛筆之類的東西。

有一天，林肯在芝加哥照相，攝影師好意地吩咐他稍微修飾一下儀容。林肯卻回答說：「一張修飾整齊的林肯肖像，在春田市將不會有人認識的。」

30 你可以待在家裡不出來

林肯是一個善於自我嘲弄的人，他的長相就是他自己經常嘲弄的對象。

林肯曾經和友人說起這樣一件事——

有一次，他在火車上碰到一個其貌不揚的陌生人走過來和他講話。那陌生人說：「對不起，先生，我手頭上保管著一件東西，它應該是屬於你的。」

「這是怎麼一回事？」林肯問道。

那人從口袋裡掏出一把摺刀，說：「這把刀是在幾年以前人家送給我保管的，而且還指示我找到比我更醜的人後立刻轉交。現在請原諒我說句實話，先生，我想你實在是太有資格保管這把摺刀了。」

在另外的場合，林肯還講過另一段類似的經歷——

有一次，林肯在森林中散步，他遇到一個騎馬的女人，便停下來給她讓路。那女人也停了下來，並且目不轉睛地盯住林肯看，接著說道：「我相信你是我所見到過最醜的人。」

林肯說：「太太，也許妳是對的。但是，我也沒有法子呀！」

「是的，你是沒有法子，」那太太說：「但你可以待在家裡不出來呀！」

……………

其實，林肯未必真有這樣的經歷。但是，從另一個角度來看：一個勇於自嘲的人，一定是一個相當有自信的人。

31 她們像沒有堆好的秣草

林肯雖然很善於和別人交往，但是他卻很討厭那些矯揉造作的社交應酬。

一次，林肯用下面的語言描述了他所參加的社交活動：「那天晚上，上流社會有個聚會，鎮上所有的女孩差不多都到場了。還有那些漂亮的寡婦和結了婚的女人也四面八方潮湧而來，她們腰身束得緊緊的，上下兩頭都凸了出來，儘量裝扮得像個姑娘家，可看起來卻好像是沒有堆好的秣草，正急著要人去處理呢！」

Lesson 03

律師生涯・政壇崛起前的助跑

林肯的律師事務合夥人威廉·赫登曾經這樣評價林肯：「他生活在政治的世界中，政治是他的生命。他的偉大志向是他的推動力。」

林肯的輝煌，是在政治舞台上贏得的輝煌。

林肯在踏上政治舞台前，有著一個較為穩健有力的助跑期。

一八三四年八月，伊利諾州舉行議員選舉，二十五歲的林肯當選。這是他第一次獲得政治職位，從此他開始在錯綜複雜的政治迷宮中鍛鍊自己的才幹了。選舉後，林肯依然管理鄉村郵政局，間或從事測量等工作。同時他在律師史鐸特的影響下，加深了對法律研究的興趣。

一八三六年，林肯再次當選為州議員，同年取得律師責格。在議會中，林肯同其他的議員在州立法方面取得一次空前的勝利，州議會通過了他們提出的將州首府從萬德利安遷到春田市的提案。

一八三九年，當這個提案實施後，林肯也就遷往新州府居住；並和史鐸特合夥經營律師業務。

在以後的一段歲月裡，林肯曾獲得自由黨的提名並當選為國會議員，但不久又因為政見不同，失去了國會議員候選人提名。儘管林肯在政治漩渦中時浮時沉，但是他在自己的律師事業上卻蒸蒸日上。

律師生涯——是林肯走向成功的奠基石。

他在從事的律師事務中充分地展現了自己的智慧與才華。他的思路敏捷而富有條理，談問題直截了當，從不節外生枝。他的措辭幽默，妙趣橫生，即便是最單調乏味的訴訟案件，他在法庭上辯護時也能恰當地引用有趣的事例，吸引住整個法庭與審判員的注意。

他在從事的律師事務中鮮明地樹立了自己的人格形象，正義與誠實是林肯自我塑造的形象核心。林肯相信自己所辯護的案件是正義的，並在這種信念的基礎上發揮他傑出的才華。

有些名律師往往依靠巧妙的詭辯術，將自己一方的理屈之處掩飾過去；但林肯從來不這樣做，他的思想核心是誠實。只要當他對所辯護的案件的正義與誠實產生了信心以後，他就一往直前，爭取勝利。他憎恨一切不公正和壓迫人的事情，他的義正辭嚴，使一切幹了醜事的人在法庭上無地自容。

他也在從事的律師事務中贏得人們廣泛的尊重。林肯在生活上非常簡樸澹泊，待人隨和。即便是官司打贏了，他也絕不向當事人索取過多的報酬，而且他的報酬也絕不超過當事人所能負擔的限度。好心的林肯，感動了周圍無數的人民百姓。

正是憑著彷彿是天賦的正義與公正、正直與誠實，使得林肯在他執業律師的生涯中，無可爭辯地贏得了廣泛的尊重和良好的聲譽。而這種尊重和聲譽，則是林肯在政壇崛起的有力翅膀。

32 賒帳開業

一八三七年，二十八歲的林肯騎馬來到春田市，開始他最初的律師生涯。當時他在喬治亞・施華特的店鋪門前勒住了馬，詢問單人用的被褥需要多少錢一套。施華特開價十七元。

林肯說：「價錢挺便宜的，可是我沒有錢。如果你能同意我賒賬到聖誕節，我又能在這裡順利地開業當律師的話，到時我一定如數償還。萬一我倒楣，那就只好一輩子欠你的帳了。」

施華特被他的誠懇與憂傷所打動，慷慨地請林肯和他同睡在商店樓上的一張雙人床上。從此，他倆一輩子始終不渝的友誼於焉開始。

33 整個律師界都被他帶窮了

林肯辦案認真，成功率高，但他收費卻很低廉。他說，他的許多顧客都同他一樣窮，所以他不忍心向他們多要錢。

有一次，林肯為一個精神失常的女子辯護，以免她遭受一個騙子的勒索。林肯在不到十五分鐘就勝訴了。於是他的合夥人走來要求平分事先預定好的二百五十元手續費，林肯大為不滿，說：「這筆錢來自一個又窮又瘋的女子，我們不能多要她的錢，至少應退還她一半，否則我寧肯挨餓，也分文不取。」

又有一次，有個養老金的經辦人向一個軍人的遺孀勒索，拿走了她應得的四百元養老金的一半。林肯知道這件事後，就叫她提出訴訟，結果追回了這筆錢。但是，林肯不但沒有收取一分錢，反而替她付了旅館費，並買車票送她回家。

還有一次，有個鄰居是一位守寡的母親來找林肯，說她的兒子在酗酒時不慎殺死了人，她懇求林肯解救她的兒子。林肯很盡力地出現在法庭上，做了他畢生最感人肺腑的辯護，終於使那孩子免於死刑。這位母親提出要把僅有的四十畝薄地送給林肯，林肯懇切地說：「多年前，在我貧窮時妳曾經供我吃飯，並且為我補衣，所以現在該我為妳無償服務了。」

林肯諸如此類的仁慈義舉，雖然感動了無數普普通通的平民百姓，但也激怒了不少同行，他們抱怨：「林肯要把整個律師界都給帶窮了？」

34 林肯被判「有罪」

林肯律師經常減收或者不收委託人的錢，引起了律師界的不滿。

有位叫大衛．戴維斯的法官就曾當庭指責他說：「要是你以後出庭不多收些錢，你將會窮得像約伯（聖經裡的希伯來族長，是亞伯拉罕諸教的先知，一個吃苦耐勞的典型）的燒雞一樣瘦骨伶仃。」

有一天晚上，律師們都聚集在一起，開了個所謂的「超級法庭」來「公審」林肯，結果林肯被判定有罪，理由是他和律師兄弟們的口袋過不去。為了懲罰林肯的「罪行」，他被「罪有應得」地判處罰款。林肯被判得心甘情願，他高高興興地繳了罰款，於是在場的律師們哄堂大笑。

可是，林肯依然故我。

35 馬不吃，我吃

有一天晚上，林肯又冷又餓地來到印第安納州的一家客棧。他發現一群當地人圍坐在爐火前，便叫老闆拿魷魚去給他的馬吃。

「牠才不會吃魚哩！」老闆說。

「拿去試試看，」林肯說：「沒有比試試看再好的辦法了。」

爐前的那幫人紛紛圍過去看馬吃魚，結果馬不肯吃。

「牠不肯吃，我早就跟你說過了。」老闆不高興了。

「牠不吃，我吃。」於是，林肯找個較舒適的位子坐下，泰然地吃了起來。

36 不能光聽他說的

羅根法官曾是林肯的律師合夥人。

有一次，兩個農夫因為馬的買賣發生了糾紛，於是分別委託他們打官司。這樣，羅根與林肯就在法庭上成為對手。

開庭那天，羅根買了一件背後開襟的新襯衣。由於穿得太匆忙，他將襯衣穿反了，好在有一件亞麻的上裝遮蓋了這種疏忽。

在法庭上，羅根慷慨陳詞地賣弄他的「馬經」，使得陪審團一下子感到迷惑。羅根說到興頭，竟然脫去了上裝——那天天氣也實在是夠熱的。

等輪到林肯發言時，他先站起來把羅根上下打量了一會兒。

然後，他才胸有成竹地對陪審團說：「各位先生，剛剛羅根先生花了一個多小時想要你們相信，對於馬匹的事情他比我那誠實的農夫懂得更多。對於他所說的那套東西，你們能夠相信多少呢？」

說著，林肯把羅根從座位上拉起來，使他背向陪審團，「你們看，他連一件襯衣都不會穿。所以，不能光聽他說的！」

37 林肯當法官

林肯是個律師，而不是法官，可是因為他為人公正與熱心。所以人們常常要求他來裁決百姓之間的糾紛。

那天，一位商人控告一位農夫，因為他賣了一件衣服給農夫的小兒子，但農夫卻以買衣服沒有得到自己的同意而不肯付帳。按當時的法律來看，判決的焦點在於這價值二十八美元的衣服是否適合這位年輕人的身分，或者是否屬於奢侈品？如果是，那農夫就可以拒絕付了。

林肯被雙方當事人推選出來當代理法官審理這件事。結果林肯判定這件衣服對於年輕人來說，確實是一件奢侈品。隨後，林肯感嘆地說：「在我的經歷中，我幾乎沒有想到要花二十八美元去買一件衣服。」

38 懶得停都停不下來

有一次，林肯在審判室處理一個案件。

法官戴維斯拿起一份提交大法官的訴狀，他被訴狀的冗長所困惑，便問起草起訴書的律師：「你哪來這麼多的精力？我的律師先生。」因為這位律師先生平時是以懶惰而聞名的。

「我自己也弄不清楚是怎麼回事？法官。」被問的律師有點不好意思。

法官先生言猶未盡，他把訴狀傳給一旁的林肯：「林肯先生，你看這驚人不驚人？」他這樣一問，可等於是下了一道命令，要林肯接上幾句。

「這就像那些懶惰的傳教士經常寫冗長的講稿一樣，」林肯慢吞吞地說：「一旦寫起來，就懶得停都停不下來了。」

39 「先生，我就是林肯！」

律師事務所的合夥人威廉．赫登，第一次去見林肯先生。當他膽怯地敲響門後，只聽到裡面有兩人同時答應道：「進來。」

威廉．赫登推進門一看，竟發現房間裡兩個衣衫不整的人正忙著用枕頭鬧著玩，他們彼此捶打著對方的腦袋，打得真是開心極了！一會兒，那個矮胖的人氣喘如牛地躺在床上；另一位身材高大的人站了起來，他裹著長長的睡袍，光著一雙特別大的腳，大步跨過來握緊威廉．赫登的手，謙虛地說：「先生，我就是林肯！」他又轉身指著那位矮胖者，「這位是法官戴維斯。」

40 我來告訴你

伊利諾州的法官哈里安從治安推事升遷到巡迴法庭的法官。哈里安有個弱點，就是他對於自己的意見總是有點猶豫不決。所以他老是對訴訟代理人的問話答說：「這個我就不清楚了。」

有一次，他和林肯在一起討論一個訴訟案，哈里安還是重複著這句話：「這個我就不清楚了！這個我就不清楚了！」

林肯注視著這位法官，憋了好久才說：「我知道法官你不清楚，所以，我才來告訴你的。」

41 林肯的自私

林肯為人善良，而且慷慨大方。但是，那天他坐在去鄰鎮辦案的公共馬車上卻大談人的自私，他說人的行為多少帶有點自私。同行的旅客似乎都不怎麼贊同他的觀點。

正當人們在議論紛紛地討論時，馬車來到了一條溝渠。旅客們看到一隻小豬正陷落在泥坑裡，牠拼命嘶叫著、掙扎著，想從泥坑中脫身出來。馬車上的許多乘客都開懷大笑著，只有林肯跳下馬車，走進泥坑中。他抱起那頭小豬，把牠放在乾爽的路邊。

「嘿，這下可好了，」有位旅客對林肯說：「你幹了一件自私的事情。」

「絕對自私！」林肯說：「如果我聽憑小豬留在泥坑裡，牠那尖叫聲就會長久地盤旋在我的記憶中，使我整天難以安寧。所以，我才去救牠。」

42

無功不受祿

大約在林肯成為名律師的時候，一位女士因要爭取分配房地產的事來找他，希望林肯能為她爭取到房地產的分配權。臨走時，她留下有關的文件和一張二百五十美元的支票。

第二天，那女士準時來到林肯的事務所。林肯對她說，他仔細研究了有關文件，不得不坦白地告訴她，根據法律規定，她無權得到房地產的分配權。所以林肯勸她不要再打這場官司了，否則吃力也不會討好。那位女士聽了之後相當滿意，謝過林肯之後，就站起來準備要離開了。

「請等一下！」林肯說著，就去摸他那西裝背心的口袋，「這是妳給我的那張支票。」

「可是，林肯先生，」那位女士轉過來說：「我想這是你應該得到的酬勞。」

「不！不！」林肯回答說：「那就不對了！我不能因為只是盡了一下職責，就收妳這一大筆的酬勞。」

43 這場架打得太小氣了

林肯應聘去為一個以毆打鄰居而吃官司的農夫做辯護人。其實原告是一個任性且虛榮心強烈的人，他在法庭上繪聲繪色地描述他被農夫毆打的經過，顯然他把整個經過誇大了。

遺憾的是，沒有人為被告的農夫當證人，加上當時的法律規定，被告是無權為自己進行辯護的。眼看那位農夫就要吃虧了。

林肯在這種情況下想，現在唯一的辦法，就是要利用原告那份虛榮心，而暴露他所慣以誇張的習性，使法官們認識到他說話的不可靠。

「原告，你和被告農夫打架的那塊場地有多大？」林肯故作漫不經心地詢問。

「有六英畝大，林肯先生。」原告立刻誇大地回答。

「在這麼大的場地上，你不以為這場架打得有點太小氣了嗎？」林肯不失時機地反問了一句。

結果在場的法官們和陪審團的成員都一起開懷大笑。接著，被告農夫被宣判無罪釋放。

44 好貴的證言

有一次，林肯接手了一件相當重要的案子。而這個案子的關鍵在於一個著名的外科醫生的證言，可是林肯總覺得醫生的證言相當可疑。

在開庭時，那位外科醫生依然振振有辭地作證。

等他說完之後，林肯才緩慢地問道：「醫生，你來為這件案子作證，可以得到多少酬勞？」

醫生猶豫了，問法官：「我必須回答這個問題嗎？」

「是的，」法官回答說：「這是必須的，必須如實地回答。」

醫生接著說了一筆酬勞，它的數字大得使在場的人們都大吃一驚。

林肯站起來，左邊的眉毛向上一揚，這是他興奮時常有的習慣動作。然後他伸出他那修長的左臂和食指，語調中充滿著憤怒，尖銳地大聲說道：「陪審團的諸位先生，請注意！這是一筆好大的酬勞，好貴的證言！」

林肯的這幾句辯護詞給人們留下了深刻的印象。

案子的結局自然不出林肯的預料，贏了！

45 值錢的笑話

林肯喜歡講笑話，這是在法院出了名的。那天，他又來到法院，靠在法庭書記員的辦公桌旁，和書記員講了一個笑話。

書記員實在被這個笑話逗得憋不住，就不由自主的在法庭上大笑了起來。

正在主持庭審的法官戴維斯有點生氣了，他對林肯說：「這種事情必須阻止，林肯先生，你經常拿你的笑話來干擾法庭。」然後，戴維斯法官又對書記員說：「你干擾了法庭的秩序，所以罰你五塊錢。」

書記員向戴維斯法官道了歉，但是他說這個笑話值這個價錢。

「林肯對你講了什麼笑話？」戴維斯法官問。

當書記員把笑話告訴他時，法官也忍不住放聲大笑起來。

「免除你的罰款。」最後他對書記員說。

46 魔鬼是律師之父

林肯經常用笑話來表達他對一些問題的看法。有一次，林肯在談到如何對待律師可能犯的錯誤時，講了這樣的笑話——

一個律師和一個牧師騎馬同行。

牧師問律師：「先生，你在辯護中曾否犯過錯誤？」

「我犯過。」律師回答說。

「那你如何處理那些錯誤？」

「這個嘛，先生，如果錯誤大，我就予以糾正；如果錯誤小，我就隨它去。」

律師反問他說：「可是，請問牧師先生，你在佈道中有否錯誤？」

「有的，先生。」

「那你又是如何處理那些錯誤的？」律師接著問。

「先生，我處理的態度和你完全一樣。前不久，」牧師饒有興趣的說開了：「在我佈道時，我原意是要說魔鬼是欺詐之父，可是一下說錯了，說成魔鬼是律師之父了。這個錯誤其實是微不足道的，所以也就讓它去了。」

47 別打官司

在相當長的時期中，林肯以當律師為生。但儘管如此，林肯還是常常勸人家：「別打官司！」

那天林肯外出辦案，路上遇到一個熟悉的老人家。老人家告訴林肯，他準備去法院告他的鄰居，並要求林肯當他的辯護人。

「湯姆大叔，這位鄰居和你已經相處有十五年了，你們以前相處得不錯吧？」林肯問道。

「是的，我們曾經相處得很不錯。」那個倔強的老人家承認著說道。

「好啦，現在，你看看我這匹老爺馬。牠實在不是我一心想要的那種好馬，有時我也會對牠惱火。可是我知道牠有不少的缺點，也知道了牠有很多優點，要是再讓我去習慣另一匹馬的缺點，那可能就要花很長的時間。和馬一樣，所有的人也都有缺點。所以，人和人之間就要互相忍著點，就像我和這匹馬一樣。湯姆大叔，你明白我的意思了嗎？」

「我看你倒是有幾分道理，林肯！」那老人家自然就不再找鄰居打官司了。

48 有理也可讓三分

有個身強體壯的男人來請林肯幫他打官司，為的是和一個寡婦爭奪六百塊錢。

林肯分析了這個案件的來龍去脈，便對那男人說：「毫無疑問，我可以為你打贏這場官司。因為在我看來，這筆錢可以屬於那位寡婦，當然更可以屬於你。但是我不想接你這個官司，只是想免費奉告你幾句話。有理也可以讓三分，你這樣身強力壯的，可以另外顯顯身手去賺六百塊錢，不必去與一個寡婦和她六個失去父親的孩子爭這幾個錢。」

那男人最後默默地走了。

49 牠幹麼不用尾巴來咬人

林肯為一樁涉及到人身攻擊的案子出庭辯護。他的委託人在遭受到別人的攻擊之下，進行了自衛還擊。但是，對方的辯護律師卻緊緊抓住林肯委託人的抗辯理由大做文章。

這天，林肯出庭辯護時，沒有直接進行聲辯，他只是用一個故事來說明他的委託人的真實處境。他說：

「有一個人在路上扛著草叉子向前走時，從農家院子裡躥出一條惡狗來攻擊他。那人就隨手用叉子來趕狗，不料竟把狗給打死了。」

「幹麼你要打死我的狗？」農夫喝道。

「牠幹麼來咬我？」

「你幹麼不用叉子的另一頭來趕牠？」

「牠幹麼不用牠的另一頭來對付我，用牠的尾巴來咬我？」

林肯先生說到這裡轉過身來，在那修長的雙臂中似乎抱著一隻想像中的狗，他就將那尾巴向著陪審團推過去。林肯通過這個形象的故事和形象的動作，使在座的人們都意識到林肯的委託人當時所處的真實困境了。

50 換馬事件

林肯在伊利諾州當律師時，他和一位法官開玩笑，鬧著要換馬。他們都同意第二天早上九點鐘來做成這筆交易。如果有人反悔，便要罰金二十五元。

到了第二天約定的時候，法官出現了，牽著一匹最最可憐相的馬。

幾分鐘以後，林肯也來了，只見他肩上扛著一隻木頭的馬。

旁觀者大叫大笑，熱鬧非凡。

林肯一本正經地放下了木馬，仔細打量著法官的那匹瘦馬，然後他大聲對法官說：「啊，法官，和你換馬，我可是吃了大虧啦！」

旁觀者這下子可笑得痛肚子了。

51 法律不容許欺騙

凱斯先生要林肯幫他打官司。他在好幾年前把自己的兩頭牛和一副犁具賣給了鄰居斯諾先生未成年的兩個兒子。這兩個孩子沒有付錢，只是寫了張以後付款的字據。凱斯信任他們到時會付款的，但是以後一直沒有收到錢。

凱斯先生向法庭起訴，要求對方支付欠款，可是他們的辯護律師卻以當時借債時兩個孩子還未成年為藉口，拒絕付錢。

林肯在法庭上詢問對方的律師：「請問現在兩個孩子是多大歲數？」

「一個是二十一歲多，另一個已經二十三歲了。」

「好了，陪審團的先生們，我想這兩個孩子是不會故意騙取凱斯先生的牛隻的，除非是他們的辯護律師出的餿主意。這樣的主意，無論是在法律上，還是在道德上，都是糟透了的主意。法律是不容許欺騙的。如果這兩個孩子卑鄙得到了成年還要以未達到法定年齡為口實，那麼他們至少應該把牛和犁具還給凱斯先生。這是最起碼的事。」

結果——這場官司的結局就一目瞭然了。陪審團的成員還沒有離開他們的席位，判決就下來了。這兩個年輕人必須付出牛隻和犁具的錢，並且獲得了必要的教訓。

52 這場官司我洗手不幹了

林肯是為維護公正與法律而當律師，而不昧著良心去為不公正的案件做辯護。

有一次，林肯出庭承辦一樁簡單的案子，當事人要求林肯幫助他討回他借給被告的錢。可是在庭審時，被告卻出示了原告給他的繳清欠帳的收據。

「你知道他握有這張收據嗎？」林肯問他的當事人。

「是的，只是我以為他已經忘了。」

林肯立刻起身離開法庭，回到自己居住的旅館去了。

幾分鐘後，法官派人來找林肯，要他來打完這場官司。

「你去告訴法官，這場官司我洗手不幹了。」林肯這樣答覆說：「另外，告訴原告，我一分錢也不收他的。」

53 最好另找見證人

林肯對於那些在出庭時夸夸其談者，往往給予必要的蔑視。

在一次庭審中，對方的辯護律師在一番高談闊論後，硬是運用了一句拉丁文的格言，想顯示他的學識淵博。他在說完那句拉丁文後，還故意把頭扭向林肯，問上一句：「是不是這樣？」

林肯冷冷地回答：「如果你說的是拉丁文，我以為你最好還是另找一個見證人。因為你的見證人無法聽得懂。」

54 她們不再被罰款

在克林頓有一場非常有趣的官司吸引了人們，鎮上的男男女女把法庭擠得滿滿的。原來是當地有一位賣酒的商人開了家酒店，專門出售劣質威士忌給鎮上的男人們。當地有十五個婦女聯合要求酒商停止向她們的男人出售劣酒，那酒商不僅不理睬，反而當面加以嘲諷。那些婦女在憤怒之下用斧頭砍了酒店，砸碎了酒瓶和酒桶。酒商因此報警，拘捕了這十五位婦女。

直到法庭開庭時，她們還沒有找到自己的辯護律師。其中一位機靈的婦女發現了在觀眾席上的林肯，就大膽的要求：「林肯先生，沒有人願意為我們辯護。你是否能夠為我們說幾句公道話？這要求可能過分了點。」

林肯站了起來，所有的眼光都集中在他的身上。「如果法庭同意的話，我願意幫她們說幾句話。」

在得到法官的默許後，林肯繼續說：「這場官司的被告應該是酒商，而不是婦女們。在所有的法律中，自衛的律法就是必須遵守的律法，這從我們祖先將茶葉倒入波士頓港的歷史事件中，就可以看得清清楚楚。一七七三年，美國人之所以要把東印度公司的茶葉船毀掉，其根本原因就在於為了維護自己的生存、自由和追求幸福的權利。為了生存自衛，這同樣是今天婦女們的答辯。」

林肯把身子轉向那位酒商，「這位酒商無視婦女們保護自己丈夫與兒子幸福生活的權利，堅持要出售低劣的威士忌酒。這樣的酒店，是個害人的場所。婦女們聯合起來摧毀這個害人的場所，這是不應該受到任何處罰的。這就像當年我們的祖先摧毀茶葉船而不必接受處罰那樣。」

林肯的話說得實實在在，陪審團自然全都明白了。

法官客氣而笑容滿面地宣判：「各位女士，妳們不必再留在法院了。要是將來需要妳們繳罰金的話，我會通知妳們的。」

聽著法官輕鬆的宣判，大家自然知道，她們不必再繳任何罰金了。

55 皆大歡喜

春田市有一個財主帶著報復的心理，緊追著一個窮人不放，他一口咬定那窮人欠他兩元五毛錢。那窮人不肯承認這筆錢，堅持不還錢。財主找到林肯，要求他幫助去追回這筆錢。林肯開始時不肯接辦這個官司，財主死磨硬纏。後來林肯一琢磨，也就爽快地答應了。

林肯提出一個條件，就是要當場付十元酬金。那位財主倒也爽快地拿出了十元錢。於是，林肯來到窮人的家裡，給了他五元錢，條件是要他立刻去把欠財主的兩元五毛錢還掉。窮人樂呵呵地照辦了。

這件案子順利地辦完了。結果是林肯得到了五元錢，那位窮人也獲得了兩元五毛錢，當然，財主也追回了他想追回的兩元五毛錢。這叫做——皆大歡喜。

56 自我解嘲

在巡迴法庭舉行的一次冗長的審判中，林肯正在為當事人進行辯護。他抬頭看了一眼法官席，看見肥胖的法官戴維斯，似乎在他的席上睡著了。

林肯突然產生了一個念頭：他想抓住法官打瞌睡的事情，出出他的洋相。於是，林肯放開嗓子，用響得足以使睡得最死的人醒來的聲音說道：「請示閣下，庭上是否醒了？現在我們可以將有關證詞遞交上來了。」

這場官司其實並沒有進行到這一步，只是林肯為了刺激法官，故意把程序提前了，想看看戴維斯法官是否有反應。

實際上，儘管戴維斯法官瞇縫著眼，但他並沒有睡著。他一直在用心聽著，所以一聽到林肯要提交證詞，就急忙挺直身子，說：「本庭等了一個多小時，就等著雙方辯論的結束，而這場辯論一直沒有結束。現在既然林肯先生不願繼續辯論下去，而要求進入提交證詞，聽候判決的階段，我想陪審團很樂意輕鬆輕鬆……」說著，他把林肯提交的證詞接了過去，準備醞釀宣判。

林肯這下有點弄巧成拙，因為他被剝奪了本該屬於他的繼續辯護的權利。不過，林肯也跟著大家一起大笑。等笑聲一停，林肯便說話了：「如果閣下想繼續輕鬆一下的話，不妨暫時不必動腦筋醞釀宣判，讓我來費神講幾句。」林肯還是想乘機把辯護詞給說完的。

57

釘是釘，鉚是鉚

林肯的誠實是大家有口皆碑的。他在當律師時有一個習慣，也可以充分證明他的誠實與公正這一點。

林肯在執業律師時期，經常有一個合夥人。當他外出進行巡迴審判的出庭時，這位合夥人就留在事務所。在外面，林肯常常要接辦一連串案子，而不必回事務所。在他接到辦案的酬金以後，他總是把屬於合夥人的那一份用紙包好加註，然後分別夾在自己的皮夾裡，以免使合夥人漏掉應該得到的酬金。這雖然只是件小事，卻反映出了林肯先生的一貫作風與為人。

58 我的記憶像一片鋼

有人和林肯先生談話，稱讚林肯的記憶力真是了不起，任何東西都能夠過目不忘，而且永遠也抹不去。

「不，」林肯說：「你錯了。」

「為什麼？」

「因為，事實上我記東西的時候是很費力的。而且記住的東西，想要忘記也是不容易的。我的記憶就像一片鋼——要刻上東西很費事，而一旦刻上去後，再要把它抹掉，那幾乎是不可能的事了。」

59 今天誰付錢？

林肯和一批朋友到外地法院辦事，晚上落腳在同一家旅館，於是，大家在一起都喝了點酒。

到了早上，有一位外號叫「萬事通」的陪審員對大家說：「各位老兄，今天早上的飯該由誰來付錢？」

朋友們都回答說：「身邊有錢的人付吧！我們全都一分錢也沒有了。」

「萬事通」搖搖頭，「昨天我已經付過了，今天輪不到我。」

「我們又不是賴吃賴喝，只是身邊剛好沒有錢。你就先付了吧，等到我們接了案子，得到酬金，就會回報扯平的。」林肯在一旁說道。

「不行！我有一個主意。大家來問一個問題，要是誰回答不出，誰就請客付錢。要是提問的人本身不知道答案，那麼，就由提問人自己請客。」那位「萬事通」為自己出了個好主意而揚揚得意。

大家都表示同意。

林肯首先提問：「你們知道那些土撥鼠的地洞口為什麼沒有泥巴？」這顯然是一個難題。大家都聰明地不回答，以免答錯了自己掏錢。林肯接著用答案打破僵局：「這是因為土撥鼠是從洞底開始挖土的。」

「萬事通」馬上抓住林肯的話反問：「那，土撥鼠是如何進入洞底的呢？」

林肯也是不答反問道：「你知道不知道它的答案？」

「萬事通」搖搖頭。

「萬事通，既然你提出了這個問題，而且又不知道它的答案。那麼，按照自己的主意，就應該輪到你付錢了。」

60 牡蠣知道什麼時候該閉嘴

一樁重大的專利官司在芝加哥開庭審理。每天晚上休庭後，公設律師和陪審員的晚餐都是精美的牡蠣和香檳。湊巧，其中有一位名叫愛德華的年輕律師也參加了晚宴。他這個人有個毛病，就是話多。他一貫的做法就是要想獨占全場的談話。

現在正輪到他主持分配牡蠣。他一邊手拿勺子慢悠悠的分菜，一邊嘴裡喋喋不休地說：「我不知道這些牡蠣，這些看起來顯得笨頭笨腦的傢伙，上帝什麼時候可以給它們一點智慧。」

「我覺得，牡蠣是夠聰明的，它們至少知道什麼時候該閉嘴！」林肯馬上接過這位饒舌律師的話頭。

61 這馬是供送葬用的？

林肯從馬行裡租了一匹馬去辦急事。

幾天後，他牽馬回來，問老闆：「這馬是供送葬用的？」

（編按：林肯指的是這是一匹劣馬走路慢吞吞地……）

老闆有點惱火：「壓根兒沒這回事。」

「聽你這樣說，我就放心了。要不然，死屍就不可能及時運到墓地，趕上亡靈復活日了。」林肯說道。

Lesson 04

踏上政壇・用信念與人格角逐

政壇，歷來是一個充滿風暴和漩渦的海洋。它把一切平庸者和膽怯者捲入無情的谷底；而又把一切大智大勇的人舉上歷史的浪尖。

林肯是一個具有堅定信念的政治家。林肯生活在南方蓄奴隸制和北方僱傭勞動制激烈鬥爭和社會動盪的年代。他早年貧困與流動的生涯，使得他有機會接觸到奴隸制的野蠻與殘酷。他在新奧爾良所看到的一家黑奴被活生生拆散、拍賣的情景，深深刺激了他的心靈，以至於在以後的歲月裡，當他回憶起這種景象時，還感到「噁心得想吐」。所以，從感情上同情奴隸、反對奴隸制，成為林肯在曲折變幻的政治風雲中不斷舉起、越舉越高的旗幟。

這是一面旗幟，它象徵著林肯追求進步、追求自由、追求民主的不屈信念。正由於高舉著這面旗幟，林肯得到了民眾的擁護，也得到了歷史的矚目。

如果說，四十五歲時的林肯在全國還沒有什麼聲望；那麼，在一八五四年，林肯與民主黨參議員史蒂文生．道格拉斯的著名大辯論，則使得他一鳴驚人。尤其是一八五八年，他與道格拉斯競選國會參議員候選人時發表的演講，更轟動了全國。

林肯發表了慷慨激昂的宣言：「一個分崩離析的家庭是維持不久的。我堅信，這個政府不會容忍這種半奴隸制、半自由制的狀況。」從此，為了這個社會理想，林肯進行了艱苦而有效的奮鬥。

林肯是一個正直的政治家。政治，無疑是權利與功利的角逐，它有著使人生到輝煌頂點的階梯，也潛伏著使靈魂陷入扭曲的陷阱。在政治這片沼澤地裡，林肯盡可能保持著「誠實的林肯」的聲譽，盡可能保持他正直的人格。

正直的人格，成了林肯與民眾緊密相連的紐帶。人們津津樂道於林肯先生接受一個小女孩的建議而留起了漂亮的鬍子這樣的傳說，這個傳說，同樣漂亮地說明了林肯先生的平民作風。

林肯自己塑造了自己，民眾也用自己的方式塑造了林肯。

這是林肯的聰明。

政治是需要技巧的。但是林肯沒有把這種技巧演變成一種陰謀、一種可怕的詭計。他依靠著自己的政治智慧排除生命道路上的艱難與困苦，在錯綜複雜的政治風浪中頑強地崛起。當他那篇著名的競選演說發表後，人們都以為他反對奴隸制的鮮明態度將成為頭上的絞索，活活扼殺他的政治生命時，林肯寧肯失去一次歷史的機會，也不肯失去自己的信念。

以同樣的堅持，林肯在總統競選中，扛出早年勞動時所劈的木柵欄，把自己塑造成一個「劈柴的總統候選人」。這種形象的設計，難道不是林肯智慧的體現嗎？

林肯是智慧的！他終於獲得了在政治舞台上大顯身手的機會。那是在一八六〇年的美國大選，他贏得了美國第十六屆總統的寶座。

62 我的政見像老太婆的舞曲

林肯早就有著從政的渴望。年輕律師時代的林肯，就開始以自己雄辯的演講，加入政壇的角逐。

林肯的第一次演講是十分富於戲劇性的。

他的那次演講處女作是在一個村子的拍賣場所進行的。拍賣活動結束了，林肯的演講也就開始了。林肯為了這次演講，特地裝扮了一下自己，他身穿斜紋布上裝，式樣是燕尾服的樣子，只是衣服的袖子太短，而那「燕子」尾部也短了一截；下身是粗亞麻布褲子，頭戴草帽，腳穿鐵黑色的長靴。這樣的打扮，對於當時的林肯來說，是有點破天荒的。

正當林肯的演講就要開始時，一場打鬥卻發生了。林肯眼看他的一位朋友正被一個凶狠的惡棍毆打，快要支持不住了。林肯便挺身而出，從簡陋的講壇上衝下來，推開人群，一把抓住那個惡棍的頸部和他的褲檔，就那麼一扔，把惡棍扔得遠遠的。據一位目擊者說，這一扔「有十二英尺」。

林肯回到講壇上，把帽子扔到一邊，正式開始了他的演講：

「公民們，我猜想你們知道我是誰，我是亞伯拉罕．林肯。很多朋友抬舉我來參加議會的競選，我的政見就像老太婆的舞曲，既短又美妙。我贊成國家銀行，我贊成內政改革，我贊成高度的保稅法則。這些就是我的理想和政治主張。我的前途取決於有主見的選舉人，如果我當選了，我將不遺餘力，以求報答。但是，如果人們認為我還是退居幕後為好，我反正已經習慣失意，不會過分懊惱。」

63 原諒我拒絕照顧

在林肯積極投入州議員的競選時，有一位名叫羅伯特·艾倫的上校則公開宣揚說，他知道林肯的幾件隱私，如果將這些隱私公布出來，就可以斷送林肯的政治前途。然而出於對林肯的照顧，他不想立刻公布這些隱私。

艾倫上校的這番神祕的話，使選民們感到很困惑。

林肯聽說了這件事後，立刻寫了封信給艾倫上校。

「親愛的上校先生：聽說上星期我不在時，你路過這裡，揚言你知道有關我的一些事，如果把這些事公布出來，就可以葬送我在這次選舉中的希望。然而出於對我的照顧，你不準備把這些事公布。是的，我比任何人都需要照顧，而且就一般人來說，人人都希望得到照顧。但是，在這件事上，對我的照顧就是使公眾受到委屈，因此，我要請你原諒，原諒我拒絕你這種『特別』的照顧。我曾經得到選民們的信任，這是明擺著的；如果從那以後，我有意或無意地幹了一件事，而這件事張揚出去，將使我失去人們的信任，那麼，任何人都知道誰隱瞞這件事，誰就是對國家利益的背叛。」

林肯這種光明磊落的態度，使得選民們更加了解和信任他。這一年，林肯果然當選為州議員。

64 我要到國會去！

一八四三年，林肯獲得其所屬政黨的提名，參加國會議員的競選。當時，民主黨人提名彼得・卡特賴特為候選人。卡特賴特是一個著名的巡迴牧師，一個粗魯而暴躁的福音佈道者。

幾乎從一開始，卡特賴特就利用林肯不屬於基督教徒的情況，從宗教上加以攻擊，他們到處散布流言，說林肯把醉漢與基督教徒相提並論，並說「基督是私生子」等等。

為此，林肯先用傳單方式進行必要的反擊，公開宣布：「我認為我不會去支持一個公開敵視或嘲笑宗教的人進入官場。所以，假如我果真犯了這一條，那我絕對不會去怨恨由此而譴責我的人們。但不管什麼人，只要他對我捏造罪名，散布流言輩語，那我就要毫不客氣地譴責他。」

在一次宗教集會上，林肯和卡特賴持相遇了。卡特賴特佈道到一半，突然對在場的聽眾說：「一切想把心獻給上帝和想進天堂的人們，請站起來。」

有一些人們陸續站了起來。

這個傳道者又進一步說道：「一切不願下地獄的人們，請站起來。」

在場的人們除了林肯以外，都站了起來。

於是，卡特賴特用最嚴肅的語調說道：「我看到許多人都願意接受勸導，把自己的心獻給上帝，同時我也看到除了一個人以外，大家都不願意進入地獄。這個唯一例外的人就是林肯先生，他兩次沒有做出反應。林肯先生，我可以請問你嗎？你究竟要到哪裡去呢？」

林肯慢慢地站起來，平靜地說：「我是以一個恭順地聽眾的身分來這裡的，沒有料到卡特賴特教友竟單獨點了我的名。我認為對待宗教的問題要嚴肅，所以我不想隨意地回答他的問題。如果卡特賴特教友硬是要知道我要到什麼地方去的話，我想，我可以用同樣直截了當的話回答——我要到國會去！」

林肯就這樣堅定地表明著他的政治志向。

他曾經說過：「雖然你可以把我的身體燒成灰，撒向天國之中；你也可以把我的靈魂投到黑暗而絕望的地獄，受那永恆的折磨；你卻不能使我放棄自己的追求，而且只要我堅持，我就能達到我認為正確的目的。」

簡而言之，林肯一生的行誼就是這樣說，也這樣做。

65 吃虧的大腳板

有一次議會會期結束，林肯和同路的議員一起回家。其他的議員都有自己的馬可以騎，只有林肯需要步行回家。用他自己的話說，就是要騎「兩腳馬」回家。

林肯的腳長，而且腳板又大，所以整個旅程中也能自如輕鬆地跟同行者聊聊天。同路的議員自然也樂意有一個人跟他們聊天，這樣可以趕走幾天路程的疲勞。

那是初春季節，林肯穿得實在有些單薄，一陣東北風吹來，林肯就禁不住哆嗦。「老兄，這天氣可真叫冷哩！」林肯對騎馬的同行者說。

「這是難怪的，因為你和地面接觸的部位實在是太大了。」同行者指著他的大腳板笑著說。

66 誰是貴族？

在一八三六年的州議員選舉中，有一位名叫狄克・泰勒的上校，他是民主黨的候選人。狄克・泰勒上校總是穿得衣冠楚楚，坐著漂亮的馬車到處跑。這位穿著華麗的候選人常常面對著貧窮樸素的老百姓，抨擊其政治對手。自由黨候選人的「貴族氣」。當時林肯就是作為自由黨的候選人參加競選的。

那次，泰勒上校又在演講中拼命攻擊自由黨候選人的「貴族氣」。恰好林肯也在場。可是因為上校在演講時用力過猛，以至於他那高貴的背心上的鑽石鈕釦掙脫了，一下子把他好看的金錶鏈和其他金飾物都損落在地上。

在一旁的林肯先生走上台，他穿著格子布襯衣，沒繫領帶，還戴了一頂十分老舊的垂邊帽。

林肯轉向泰勒上校大聲說道：「諸位先生，請你們比較著看一看誰是討厭的貴族。看看他的一身金銀，和滿身純白的肌膚。」

接著，林肯就展示他那粗大的手，「請再看看我的手，誰是真正的貴族不是一目瞭然嗎？可是泰勒上校卻說我是貴族，他的話能相信嗎？」

這種對比確實是具有說服力的，人們在哄堂大笑中知道該相信誰了。

67 逃兵的理由

林肯討厭那些平時氣勢洶洶，可是在關鍵時刻卻逃避責任的政客。

那天，林肯給大家講了一個笑話，以此來諷刺那些政客。

他說——

有一個愛爾蘭士兵，總是喜歡在沒有危險的時候誇耀自己如何地勇敢。可到了戰場，槍聲還沒有響起，第一個溜之大吉的就是他。他的隊長問他為什麼這樣？那個愛爾蘭士兵立刻回答說：「報告隊長，我的心確實勇敢無比；可是不知道什麼原因，我的腿比較膽小，所以只要槍聲一響，那雙腿就不由自主地帶著我跑了。」

林肯的笑話把大家給逗笑了，而且其中的道理也使人們深切體會到了。

68 那張臉就是頂瓜瓜的總統臉

林肯的好朋友華德．希爾．萊蒙去林肯的家參加一個晚宴。林肯把他介紹給夫人瑪麗，接著萊蒙就和瑪麗談了起來。

萊蒙說起他在州裡轉了一圈，到處看到林肯先生很受歡迎的情景。

「不錯！」瑪麗接過話頭說：「他在哪兒都受到人們歡迎，有一天他會成為美國總統的。如果我沒有想到這一點，我是不會和他結婚的。因為你明白，他的臉長得並不漂亮。但是，你仔細瞧瞧。林肯先生的那張臉是頂瓜瓜的總統臉。」

從此，萊蒙對這位夫人不得不刮目相看了。

69 貪心農夫的詭辯

林肯成為國會議員後，他站在反對墨西哥戰爭的立場上。

他針對那些堅持墨西哥戰爭並非侵略戰爭的辯護，說了一個貪心農夫常說的話，以此來揭示主戰者的用心和虛偽——

那個農夫說：

「我從來不貪求人們的土地，我只是想把那些連接我土地的地要過來。」

70 同時吃掉兩堆乾草

在一八四八年的總統競選中，林肯堅決反對支持奴隸制的民主黨候選人卡斯將軍。他在國會中發表演說時說：

「卡斯將軍的當選肯定會使奴隸制進入我們現在的領土。」

接著，林肯又根據卡斯將軍的人格缺陷進行批評：

「卡斯將軍在過去的九年間，每天要從政府手中領取十份口糧……議長先生，我們都聽說過那個站在兩堆乾草中猶豫不決、最後餓死的驢子的故事。但是，這種事情是不會發生在卡斯將軍身上的。即使兩堆乾草離開相隔一千英里的兩個地方，他也會同時吃掉兩堆乾草，而且連沿途的青草也會吃得乾乾淨淨的。」

（這個寓言，即有名的「布里丹毛驢效應」。）

71 你可得當心……

仁慈公正的林肯，對於奴隸制是無比憎恨的！

只要他講起在紐奧良看到的販賣黑奴的情景，就會臉色蒼白，大聲詛咒。因為他曾經親眼看到奴隸主們如何販賣一個奴隸的家庭，他們把這家的丈夫賣給一個農場主人，又把他的妻子賣給另一個農場，然後把孩子分別賣給來自四方的買主，林肯覺得這實在是可怕的罪惡。

林肯為了反對奴隸制，從各個方面做了積極的準備。

有一次，林肯買了本邏輯學的書，他要研究如何解決謬誤和從既定的事實中推斷出無法辯駁的結論。

他在筆記上這樣寫著：

「不管甲如何確證他有權奴役乙，難道乙就不能抓住同一論據來證明他可奴役甲麼？你說因為甲是白人而乙是黑人，這就是以膚色為依據了；那麼你可得當心，因為按照這個邏輯，你就會成為你所遇到的第一個膚色比你白的人的奴隸。如果你說白人在智力上比黑人高，所以有權利去奴役黑人；那麼你又得當心，因為你可能成為你所遇到的第一個比你智力高的人的奴隸。」

由此可見，林肯早已開始了對奴隸制問題的嚴謹思考。

72 把眉毛當松鼠

在州議會中有個議員是個老古板。凡是人們要提出一個議案，他總是要引經據典地加以否定，說是違反有關的憲法精神。大家對於他已經煩透了，可是這位老古板依然我行我素，不會輕易地認輸。最後大家一致認為要想辦法讓他閉閉嘴了，於是這個任務就理所當然地落在林肯身上。

不久，一項與林肯先生的選民的利益有關的議案又提了出來。不出意料，那位老古板又喋喋不休地加以否定。林肯在獲得發言權後站了起來，滿懷信心地說：「議長先生，這位先生以實際上並不存在的憲法精神來否定這項議案，這就使我想起了一位老朋友。他是一個可愛又古怪的老頭，他的眉毛特別長，常常要覆蓋眼睛，而且眼睛上還戴著一副眼鏡。」大家瞧著老古板的長相，都心領神會了。

全場靜悄悄的。林肯繼續講著故事——

有一天早上，老頭起身後走出房門，看見對面樹上有一隻毛茸茸的小松鼠。他急忙拿出獵槍射擊，一連打了十三槍。他抬頭看看，小松鼠依然在樹上。老頭對身邊的小孩說：「那松鼠沒打下來，是因為槍有毛病。」

「槍沒有毛病，我昨天才剛剛打過獵呢！」小孩追問：「問題是你的松鼠在哪裡？我為啥沒有看見？」

「你怎麼會看不見？就在那棵樹的半腰，牠正蹲著呢！」

「沒有，我根本沒有看見小松鼠。」小孩找半天也沒找著。他轉過身來，仔細看了爺爺一眼，突然樂了，說道：「我看見你的小松鼠了，牠就是停在你眉毛上的一隻小蟲。」

這個故事的寓意是容易明白的，所以大家哄堂大笑。這樣一來，那位老古板就有所警惕了。

73 我並非一無所知

一八五三年，美國出現了一個新的政治團體——「一無所知」黨——他們以排除外國人和天主教徒的政治權利為目的。在林肯參加政治競選時，這個黨表示要支持林肯，但被林肯拒絕了。林肯說：「我並非一無所知的人，我永遠不會，這是肯定的。任何人如果憎恨對黑人的壓迫，怎麼又會支持將白人分成低等與高等呢？依我看，這是一種倒退。我們建國時就聲稱：『人人生來平等。』現在我們把它改成了：『人人生來平等，但黑人除外。』要是這個所謂的『一無所知』黨得勢，則會改成：『人人生來平等，但黑人、外國人和天主教徒除外。』假如到這個地步，我寧願移居到某個並不標榜熱愛自由的國家去——比如說，去俄國。在那裡專制制度可以被看成完美無缺，不需要攙雜低劣的虛偽。」

74 百姓的喉舌

在動盪的十八世紀五十年代，美國國內關於奴隸制的爭端日益激化。

一八五六年，伊利諾州和其他州的政治家舉行代表大會。大會通過的政綱認為國會有權制止奴隸制的發展，而且應該行使這個權利。一些代表發言後，大家就要求林肯講話。

林肯站到了講壇上，聽眾把自己的座位挪到他的旁邊。林肯說：「我有一次在一本法律書上讀到，一個黑人是人，但在法律上他不是人而是物。現在有人企圖把所有的黑人都變成物，如果他們的想法得逞，到時候你們可以設想，他們把所有貧窮的白人變成物的日子就不會太遠了。」

林肯舉例說明了許多用暴力欺負黑人的行為。

當有人問：「我們是否也應該用暴力反抗？」時，林肯回答道：「這樣的時刻尚未到來，而如果我們忠於自己的信念，那麼，這樣的時刻也許就永遠不會到來。因為選票比子彈威力更大，對於這一點可不要搞錯了。」

林肯的講話不斷激起全場的掌聲。

林肯在掌聲中宣布：「不管將來發生什麼事情，我們都可以對南部的分裂主義者說，我們絕不退出聯邦，而你們也辦不到。」代表們從座椅上跳起來鼓掌，把帽子拋到空中，認為林肯是「百姓的喉舌」，說出了大家的心裡話。

75 裂開的房子是站立不住的

一八五八年，林肯被推選為伊利諾州共和黨的參議員候選人，參加州參議院的競選，對手是被稱做「小巨人」的史蒂文生·道格拉斯。

針對道格拉斯提出的把美國分成自由州和蓄奴州的主張，林肯在一次著名的演講中加以反駁：「一幢裂開的房子是站立不住的。我相信這個政府不能永遠保持半奴隸和半自由的狀態。我不期待聯邦的解散，我不期待房子的倒塌，但我確實期待它停止分裂。」

林肯的這段話如此淺顯易懂，即使是兩個農民在雨天的早晨修築籬笆時，也可以把它說得清清楚楚。許多報紙全文刊登了林肯的演說，但全國最感興趣的還是演說的開頭這一段·這篇演說以「裂開的房子」而著名，遠播四方。

76 用死鴿的影子煮湯

道格拉斯先生主張美國新加入的州可以由選民投票決定成為蓄奴州或自由州；可是他和最高法院又主張，不能用投票的辦法禁止在新領地把奴隸當作財產。

林肯針對這種自相矛盾的主張進行了有力的抨擊。他說：「道格拉斯和最高法院的主張已經背離了他自己標榜的人民主權論，他的證據已經淺薄得像用餓死的鴿子的影子來煮湯那樣索然無味。」

在另一次演講中，林肯又抨擊了道格拉斯反覆無常的個性，他說：「我說你今天站在這兒，你卻用昨天在那裡來證明我說謊；我說你脫了帽子，你卻把帽子重新戴上來證明我說謊。這就是格拉斯先生論證的全部力量。」

77 把蛇和孩子放在一起

林肯在說明讓奴隸制進入新領地的危害時，用了一個極其巧妙的比喻，它既讓人們形象地記住了實行奴隸制的危害，又充分體現了林肯的智慧。

那天，林肯是這樣對聽眾說的：

「假如有一張床剛剛為孩子鋪好，就有人建議把一窩蛇和孩子放在一起。對這個建議我們該如何決定，我想沒有任何人會提出不必要的疑問。」

78 失敗的滋味

林肯與道格拉斯的競選，最後以林肯的落選告終。雖然林肯比道格拉斯多得四千零八十五張選票，但因選區劃分計票方式的關係，道格拉斯反而在州議會中占了多數。林肯對這次失敗的選舉顯得很超然，「雖然我現在從人們的視野中消失了，而且即將被人遺忘，但是我相信，在我本人消失以後很久，我說過的一些話將對公民的自由事業產生影響。」

有位朋友問他，失敗的滋味是什麼？

林肯笑著說：「這就像一個被踢到腳趾的孩子，因為痛得厲害而不能笑，可是又因為自己已經長大而不能哭。」

79 腳該長得多長

據說在林肯與道格拉斯大辯論的日子裡，人們都喋喋不休地議論著他們倆。這一天，林肯的幾位朋友在談論了林肯與道格拉斯的演說後，無聊地議論起各人的身體比例，林肯的長腳的合適程度引起了一場爭論。

正在大家認真爭論的時候，林肯先生走進來了。於是，大家一致認為該由林肯來解答這個問題：「一個人的腳應該長得多長才是合適的？」

「這個麼？」林肯思索了一下，「我以為，一個人的腳應該長得夠他的身體踏到地上，這才是最好的。」

80 留下篇演講稿也不錯

林肯在競選中敗給道格拉斯後，人們常常為林肯感到惋惜。他的一位當醫生的朋友對林肯說：「林肯，你那篇關於『分裂的房子』的演說雖然很精采，但是並不明智，因為它使你什麼職務也沒有得到。」

林肯先生回答說：「如果我的生命存在非得一筆勾銷的話，而我又可以幸運地做一次選擇，那麼，我寧願不選擇擔任什麼職務，而選擇將這篇演講稿留在世上。留下篇演講稿也不錯！」

81 什麼叫民主？

在所有的政治語言中，民主是一個經常被政治家運用或玩弄的字眼。

林肯對什麼叫民主有著自己的看法。

林肯說：「因為我不想當奴隸，所以我不想當奴隸主。這就是我的民主思想。任何與這個思想不同的想法，都是不民主的。」

82 思想也是一種魅力

林肯的演講具有一種動人的思想魅力，它經常把一些政治原則用格言的方式加以表達，所以特別吸引人們。林肯在道格拉斯的大辯論中留下許多精采的思想。

有一次，林肯指出道格拉斯的虛偽時說：「你能在所有的時候欺騙某些人，你也能在某些時候欺騙所有人；但是，你不能在所有的時候欺騙所有的人。」

在一次辯論中，道格拉斯針對選民提出的對聯邦政府實行半自由半奴隸制的做法感到擔憂的問題時，他便勸告選民去相信上帝，說這樣就可以消除擔憂。

林肯對此不以為然，他說：「如果選民都按道格拉斯的話去做，那麼，選民們就會像一位駕馬車的老太婆失去馬一樣，難以自處。因為那位老太婆說，她一直是信賴上帝的。可是當馬掙斷韁繩逃走時，她就不知道該怎麼辦了。」

有人很善意地勸告林肯，說道格拉斯擁有許多盲從者，是個不好對付的對手。林肯笑了笑說：「不錯，正因為他擁有成千上萬的盲從者，所以，要使其中許多人能夠看得更清楚，就成為我的大事。」

林肯在辯論中善於用形象的方法來抓住對方的弱點。道格拉斯是個酒徒，而且以特別喜歡喝威士忌而聞名。

林肯在一次辯論中就大加發揮，他說：「道格拉斯說他的父親是個出色的箍桶匠，而且也曾經教過他箍桶。這當然是很好的事。我相信道格拉斯的父親是個出色的箍桶匠，因為，」林肯向身旁腰身圓圓的道格拉斯稍微彎了彎腰，「因為他製造出我從來沒有見過的最好的威士忌酒桶。」

另有一次，林肯與道格拉斯進行辯論。那天道格拉斯說話有點支吾，林肯迅速地抓住時機，進行巧妙的反擊。他說：「我小時候在河邊花費了不少時間，我經常看到一艘舊的輪船在河中來回航行。這艘舊輪船的鍋爐實在太小了，所以它鳴放汽笛時，就沒有足夠的蒸汽來發動渦輪；而當它發動渦輪時，卻又沒有足夠的蒸汽來鳴放汽笛。我的老朋友道格拉斯使我想起了這艘舊輪船，因為當道格拉斯說話時，他就不能思想；而當他思想時，他就不能說話。」

83 噓聲吹不倒正義的牆壁

林肯說：「我走得很慢，但我從來不會後退。」

林肯是個堅定的人，他曾這樣公開表明：「每一個人據說都有自己的志向，這話不知是否真實。但有一點我可以承認，我最大的志向莫過於受到我的同胞們真誠的尊敬。」

林肯把這種志向落實在反對奴隸制的不懈鬥爭中，有時候鬥爭會遭受挫折，但林肯總是堅持著。

他對他的朋友說：「這場戰鬥必須繼續下去，爭取公民自由的目的，絕不能因為一次失敗，甚至一百次失敗，就作罷放棄。」

他還有句名言：「廢除黑奴制度雖然不是那麼容易，但追求愛情更難。」

有一次，林肯在演講中抨擊奴隸制，他義正辭嚴的說：「這是一個可以獲得補償的世界。不願意做奴隸的人，就必須同意不可以占有奴隸；那些否定別人自由的人，自己就不配擁有自由，而且有公正的上帝做主，他們是無法長久保持自己的自由的。」

林肯的話贏得了掌聲，也遭到會場上一些擁護奴隸制的聽眾不斷的噓聲。林肯用一句擲地有聲的話結束了演講：「你們的噓聲是吹不倒正義的牆壁的。」

84 這全都會成為過去

林肯是個心胸豁達的人，他經常對他的朋友講這樣一個傳說——

據說東方有一個君主，有一次他諭令他手下的賢人為他編寫一句話，要在任何時、任何場合都可以適用。那些賢人絞盡腦汁，呈獻給君主這樣一句話：「這全都會成為過去。」

林肯對這個傳說特別感興趣，尤其認為那句話的含義真是深刻，「對於得意中的人，這是多麼大的警句；而對於深陷在痛苦中的人，又是一種多麼大的慰藉。」

有位記者問林肯，作為一個成功的政治家最為可貴的過人之處應該是什麼？

林肯拍了拍那位記者的肩，毫不猶豫的說：「要有本事去倡導一項有結果的運動，然後為這個結果奮鬥不懈。」

85 林肯偷鑼

那年，參加共和黨全國代表大會的代表在費城集會，提名參加總統和副總統的候選人。而林肯卻在伊利諾州和戴維斯法官等人進行巡迴審判的工作。

他們落腳在城裡的一家旅館裡。當他們睡得正香時，常常在一大早被刺耳的早餐鑼聲所驚醒。於是，有一天早上，他們決定要弄走那面討厭的鑼。經過大家的表決，這個「光榮」任務就落到林肯的頭上。

這天中午，林肯匆匆忙忙地離開法庭，往旅館方向趕去。他趁人們不注意的時候溜進餐廳，把那面鑼悄悄地藏在自己的外套下面，然後就想離開。

正在這個時候，戴維斯法官等人突然出現了。

他們拿著剛剛收到的報紙，上面登著一條令人高興的消息，說是林肯先生在昨天費城會議的第一次提名時被提名為副總統候選人（不過，第二次提名時又落選了），大家都趕來祝賀林肯先生。可是，林肯卻並沒有顯得特別的高興，他自我解嘲地說：「這可能是另一個叫林肯的先生獲得了提名。」

敏感的朋友發現林肯先生有點不自然。你說林肯能自然嗎？這位美國副總統的候選人，正扮演著偷鑼的角色呢！

86 我會當選總統的

據戴維斯法官回憶，第一位提出讓林肯當美國總統候選人的不是別人，正是林肯自己本人。

那時，戴維斯法官和當地的一些共和黨政治家經常聚集在一起討論推選總統的候選人。他們討論著自己可以支持的人，一個又一個名字被提出來了，他們的優點和缺點也被仔細考慮過了，但是，大家總有這樣和那樣的「遺憾」。

這時，林肯站了起來說：「你們為什麼不推選我當總統候選人呢？我可以獲得提名，也會當選的，而更為重要的是，我能治理政府。」

大家都注視著林肯，見他一點也沒有開玩笑的樣子。這就是林肯第一次公開表示他想當美國總統的願望。

87 報童的玩笑

在林肯獲得總統候選人提名前不久，他在芝加哥出庭打一場官司。有位攝影記者要他坐著拍一張照片，林肯答應了。林肯的頭髮本來就又粗又不服帖，加上這天顯得特別糟，所以拍出來的照片看起來不太稱頭。等到林肯被正式提名的消息公布後，這家報紙大概只有這張照片，於是就把它登了出來，而且還特意加了個框，要人們特別注意。

芝加哥的報童們拿到這張報紙後，便到處兜售著，嘴裡還不停地大呼小叫著：「大家看看老亞伯，要是他肯梳梳頭，就會更漂亮的。」

林肯知道這件事之後很是高興，逢人便說：「你是否知道，芝加哥報童和我開了個玩笑？」

88 這不可能吧？

一位居住在伊利諾州的英國老人，在報紙上讀到林肯被芝加哥共和黨全國代表大會提名為美國總統候選人的消息後，禁不住表示了他的驚訝。

「什麼？」他喃喃自語說：「這是不可能的吧？亞伯·林肯竟然獲得總統候選人的提名。他這個人啊，買個一毛錢的牛排當作早餐，也要自己拿回家去煎。」

89
這份手藝實在不高明

林肯被提名為總統候選人後，的確遇到了不少有趣的事。有一天，有一位老民主黨員來找林肯，他問道：「請問你就是林肯？」

「我是。」林肯謙虛地回答道。

「你就是靠自己獨自奮鬥，創造出這副模樣的？」

「不錯，我就是現在這副模樣。」

「這樣嘛，那我就不得不說了，」那老頭仔細地打量了這位共和黨的總統候選人，把林肯上上下下都看遍了，然後——才慢吞吞地說：「看來，你這份手藝實在是太不高明了。」

90 未免太厚顏無恥

林肯應邀到紐約去作演講。這可不是站在野外的樹樁上，跟草原上的農民們講話，他即將面對的可都是大都市中老於世故的聽眾。

有一家報紙為此還刊文嘲笑林肯未來的演講，文章這樣寫著：「題目：不詳；報酬：兩百美元和其他費用；目的：當總統的政治資本；效果：失望。」

但是，林肯在紐約的演講效果，恰恰與這家報紙所預期的完全相反，他的演說引起了極大的轟動。

林肯在演講中針對有人反對共和黨人當選總統的意見進行了有效的駁斥。他說：「有人說不能容忍共和黨人當總統，假如共和黨人當總統的話，他們就要毀掉聯邦，並且還要我們承擔毀掉聯邦的罪名。這未免太厚顏無恥了吧！這好比有一個孄路搶劫的強盜把手槍對準我的腦袋，咬牙切齒地說：站住！留下買路錢，不然我就槍斃了你，而你就將成為殺人犯！」此刻，場內鴉雀無聲，聽眾們全都入迷了。

林肯繼續演講，他分析這個國家之所以分成兩部分的原因時說：「有人認為奴隸制是正確的，而我們認為是錯誤的，這就是全部爭論的實質所在。既然他們認為是正確的，就不能責怪他們提出完全承認奴隸制的要求；既然我們認為是錯誤的，我們就不會對他們讓步。想在這兩者之間尋找中間立場，就像尋一個既不是活著、也不是死去的人，那般地白費力氣。」

林肯最後在演講的結尾時說道：「讓我們堅信正義就是力量，讓我們懷著這個信念，勇敢地擔負起義不容辭的責任並堅持到底！」

全場沸騰了，聽眾擁過來爭先恐後地和林肯握手。

一位記者急忙跑出去寫報導：「林肯在紐約的首次演講，就給聽眾留下如此深刻的印象，這可是前所未有的。」

91 我不能靠錢進入競選場

在一八五九年中，林肯曾旅行四千英里，為共和黨進行了二十三次競選演講，他在美國大地上留下的足跡超過當時任何一個總統候選人。

林肯對前來跟他要錢的競選事務所負責人說：

「請聽我說，我不能靠錢進入競選場。因為，第一從根本上來說，這是錯的；第二、我沒有錢，也弄不到錢。我認為，靠花錢辦事一般來說是不對的。當然，在政治競選中花些正當的錢也是必要的。關鍵在於我們不能光靠錢。」

92 我還劈過更好看的柵欄木條

在競選期間，他說：「如果我只有一個小時來砍倒一棵樹，那我會先花45分鐘來磨礪我的斧頭。」——這話不僅代表林肯的「務實作風」，也表明了他是「有備而來」的！

林肯競選的錢不多，可是他挺會出一些好點子來宣傳自己的形象。那次，共和黨召開伊利諾州代表大會，林肯的堂舅約翰・漢克斯扛著紮有旗幟和飄帶的柵欄木條走進會場。

旗幟上寫著：「亞伯拉罕・林肯，劈柵欄木條的一八六〇年總統候選人。這裡是一八三〇年林肯和漢克斯劈成的三千根柵欄木條中的兩根。林肯的父親是梅肯縣的第一個拓荒者。」

頓時，大家都喊叫起來了，要求林肯說話。林肯向大家表示感謝，神色鎮定自若。有人對林肯喊道：「林肯先生，請辨認一下你自己幹過的活吧！」林肯仔細地看了一會兒，然後說：「這可能是我劈過的木條！不過，朋友們，我要說，我還劈過許多更好看的柵欄木條呢！」

就這樣，劈柵欄木條的總統候選人和劈柵欄木條者的外號一起誕生了。它成為林肯競選總統時最有感召力的形象宣傳。

93 我是言不由衷

林肯有位朋友在提名林肯當總統候選人時曾經幫助過他，也十分賣力。事後，林肯對他表示感謝。但林肯同時又問：「只是我想，老兄在為我說話時總顯得有些猶豫，這是為什麼呢？」

「猶豫？林肯先生，」那人回答：「你說是猶豫，當然啦，我哪裡肯甘心讓你當總統，我完全是言不由衷啊！」

94 每張選票都有價值

林肯一向是以言語犀利而出名的政治演說家。可是，有一次卻令人感到意外。那天林肯正在演講，突然有人插進來對著他大聲喊叫。要是在一般情況下，林肯必然會加以必要地制止。但這次卻一反常規，林肯容忍著，沒有理睬他。

林肯的一位朋友看不下去，對他說：「你為什麼不反擊他？」

「我是在爭取選票，這個人的選票和其他人的選票一樣值得爭取。要知道，每張選票都有價值。」

95 和林肯比身高

正當林肯為競選總統忙得熱火朝天時，有兩個衣著粗陋的年輕人走進了林肯的辦公室。他們顯得有點不好意思。

林肯一眼看到了正在猶豫不決的他們，便微笑地走了過去，「小兄弟，你們有什麼事需要我幫忙？」

「林肯先生，剛才我和這位老兄打賭，說您和他長得一樣高，可是他不信。所以我們來找您證明一下。」其中一位矮個子說道。

林肯聽了點了點頭，接著拿出他自己的手杖。他一面把手杖抵在牆壁上，一面招呼著：「來，年輕人，過來站到手杖底下。」

那位年輕人來到手杖底下，林肯幫他丈量著。然後林肯把手杖交給小夥子，自己站到手杖下也丈量了一下。「你說得很準，我和他確實是一樣高。」林肯說完，和小夥子們握了握手，然後告別。

林肯寧願忍著些小麻煩，而不願讓對方感到浪費了他寶貴的競選精力，小夥子們自然高興極了。

96 孩子和傻瓜說的總是真話

一天，林肯外出，遇到一個朋友的孩子。那孩子挺驕傲地佩帶著道格拉斯的徽章。有人問那孩子為什麼要戴道格拉斯的徽章，他不以為然地回答：「林肯沒有什麼了不起！」

孩子的家長顯得有點不好意思，林肯卻輕鬆地對他的朋友說：「我早就聽別人說過，孩子和傻瓜說的總是真話。林肯確實沒什麼了不起。」

97 這只是一樁意外

一八六〇年秋，林肯即將上華盛頓去就任總統的職務。他在法院門口遇到一位律師朋友，林肯對這位朋友說：「你得好好守住律師這個職業。我可以給你一個忠告：別搞政治，好好做個法律家。」

「總統先生，我怕你的身教比你的言教更有力量。」他的朋友調侃地回答他。

「不對，」林肯邊走進法院，邊說：「這只是一樁意外。」

98 逃避挨打

林肯在政治上特別講究智慧，而他的許多智慧來自於他的知識與經驗。在他當選為總統後，他曾經和朋友講起著名演說家丹尼爾・韋伯斯特對他的影響。

林肯說了一件事——

韋伯斯特小時候違反校規，老師處罰他——打手心。恰巧韋伯斯特的手特別髒，他急忙在右手上吐口口水，在褲腿上擦。

「把手伸出來！」老師板著臉。韋伯斯特把擦到一半的右手伸了出來。老師一看，便惱火了：「丹尼爾，如果你在學校裡再能夠找出和你這隻一樣髒兮兮的手，我今天就饒了你。」

韋伯斯特馬上把藏在背後的左手伸到老師面前，大聲地說：「老師，還有一隻髒手在這裡。」

「算了吧！」老師似乎有點受騙上當的感覺，「就原諒你一次，你現在可以回到自己的座位上去了。」

如果一個目的是正當而必須做的，則達到這個目的的必要手段，也是正當而必須採取的——林肯語錄。

99 重複未必有用

當選總統候選人之後，林肯經常不斷地接到各種各樣的來信，人們向他提出各種問題。比如，如果當選後，你將如何對待奴隸制……等等。這都是一些林肯已經在各種場合下公開宣布的東西，所以林肯對這類問題並不急於回答，他只是說：

「對那些不願意閱讀或注意我已經公開說過的話的人，重複解釋未必有用。因為即使我再重複解釋一遍，他們還是不會去閱讀或注意的。

100 瑪麗，我們當選了

大選在一八六〇年十一月六日舉行。當晚，最初傳來的消息是，在賓州，道格拉斯獲得三千五百九十八票，林肯獲得三千五百五十六票。而在春田市，林肯獲得一千三百九十五票，道格拉斯獲得一千三百二十六票。

從早上九點鐘開始，林肯就一直坐在電報局裡，等待大選的結果。後來他和朋友們一起穿過馬路，參加共和黨婦女俱樂部安排的晚餐時，婦女們擁向林肯：「總統先生，您好嗎？」男賓們還沒有就座，一個信使就衝進來，他揮舞著一份電報：「紐約州已經被共和黨奪了過來。這樣，林肯的當選是確定無疑的了！」

在大街小巷，人群高聲歡呼，熱鬧非凡。當林肯回到家時，慶祝活動還沒有結束。他提早回到了家裡，對興高采烈的妻子說：「瑪麗，我們當選了！」

101 不用妥協換取平安

林肯的當選也成了一根導火線。南方的蓄奴州紛紛獨立，他們打出了：「反抗林肯就是服從上帝」的旗號。林肯收到許多來信詛咒他是小丑與魔鬼。

每天發行七萬份的《紐約先驅報》在社論中提出勸告——

「眼前林肯有一個大好機會可以避免迫在眉睫的毀滅之災，而且比他躋身總統職位更能名垂史冊。如果他在這個關鍵的時刻主動退出衝突的舞台，不要就任總統，而讓位給某個雙方可以接受的全國性人物，他就將在愛國主義方面與華盛頓媲美。如果他堅持目前的立場，他將踉踉蹌蹌地走進恥辱的墳墓，也許由刺客之手把他趕進去。」

面對來自各方的嚴峻挑戰，林肯在《紐約論壇報》上發表一項聲明——

「我寧死也不同意，也不會勸告我的朋友們同意做出任何讓步或妥協，因為人們會認為，我們是用讓步和妥協來掌管這個國家，而實際上我們的權利是憲法所賦予的。」

林肯同時寫信給他的朋友們，要他們堅定立場。

林肯宣布：他寧可在國會大廈的台階上被絞殺，也不願用金錢或乞求來換取一次平安無事的就職典禮。

102 魔鬼萬歲

林肯當選總統後，得到了許多人的擁護，但也有一些來自南方蓄奴州的反對聲浪。林肯曾經多次地與他的朋友講起這樣的一件小事——

有一次，在歡迎林肯的人群中，一個愛國的少年大聲高呼：「林肯萬歲！」他的話音剛落，旁邊就有一個同情南方蓄奴州的人怒氣沖沖地喊道：「魔鬼萬歲！」

「好吧，」那個擁護林肯的少年馬上機靈的回答：「你為你的主人歡呼吧，我為我的主人歡呼。」

103 能造通往地獄的橋

林肯善於從日常生活或與朋友交往的有趣事例中汲取智慧，並借題發揮。

有一次，林肯和朋友又開始聊天，林肯對大家講了這樣一個故事——

有一個叫布朗的牧師，是個為人穩重的人，他在市政委員會中兼職。有一次，市政委員會負責在一條水流湍急的河流上造橋，好幾位建築師都失敗了。最後布朗牧師建議由他的朋友瓊斯來負責造橋，他說瓊斯是個很有才華的建築師。

瓊斯來了，市政委員會的人不放心地問道：「瓊斯先生，這座橋你真的有把握造得好嗎？」

「行！」瓊斯爽快地回答：「任何一座橋都可以造得好的。要是有必要的話，就是通往地獄的橋，我也能造！」

瓊斯的話，使那些委員人為震驚，他們懷疑瓊斯是一個說大話的人。布朗感到自己應該為朋友說幾句話了：「先生們，我對瓊斯先生是十分了解的。他為人誠實，又是個高明的建築師。他說能造通往……通往地獄的橋，我想他是一定能造通往地獄的橋的。問題在於地獄那頭有沒有橋墩，那就值得懷疑了。」

林肯在說完這個故事後，借題發揮說：「所以，當那些政客們對我說，南北兩方的民主制度是可以互相調和的，自然我是相信他們的話的；可是對於是否存在這座橋墩，我是表示懷疑的。」

104 預言的應驗

林肯曾說：

「永遠記住你自己想要成功的決心，比任何事情都重要。」

林肯當上總統後，來祝賀的人紛至沓來。有位老婦人步行十餘哩路從鄉下趕來，要見見林肯，她說她認識林肯。

林肯熱情地接待了她，但是並沒有立刻認出她來。老婦人便開始回憶往事，讓林肯想起他在當巡迴律師時的種種往事；尤其是林肯先生有時路過她家，在她家吃飯的往事。

「林肯先生，當時你在我家吃了一頓牛奶泡麵包的晚餐，真是簡單極了！」

林肯終於想起了這位老婦人，但他只記得他在老婦人家裡總是吃得很好。

「不，」老婦人說：「那天你是在我們已經吃完晚飯的時候才來的，我們把所有的飯菜都吃完了，所以只能給你一碗牛奶泡麵包。你當時還說：『這太好了，完全可以用來招待美國總統了。』你看，這不靈驗了嗎？」

老婦人高興得好像她自己當上了美國總統呢！

Lesson 05

白宮歲月・生命充滿了歷史的硝煙

一八六一年三月四日，林肯先生左手按著聖經，舉起了右手：「我莊嚴宣誓，我將忠實地履行合眾國總統的職責，我將盡我最大的努力保持、維護和捍衛合眾國憲法。」這是林肯一次得來不易的政治和生命的輝煌。

但是，在慶賀總統就職典禮的同時，那意味著戰爭的槍聲和硝煙已經開始飄散。在林肯就任總統時，南部有七個州已經脫離聯邦，分布在南方的大部分要塞都落入分離主義者的手中。接著，飄揚在北軍守衛的薩姆特堡上的聯邦國旗也在南軍的炮火中墜落。

林肯面臨著嚴峻的歷史關頭。

林肯之所以是林肯，就在於他有著比別人更加堅定的意志和更加清醒的頭腦。歷史選擇了林肯，林肯抓住了歷史。

總統下令招募志願兵。成千上萬的志願兵響應林肯的號召，拿起武器，同仇敵愾地投入戰鬥。

總統下令解放黑奴。《解放黑奴宣言》使得四百萬黑奴永遠獲得了自由，也使得美國國內戰爭真正變成了歷史進步的戰爭，並導致這場南北戰爭最後以正義、自由與民主的勝利而告終。

林肯是個總統，但是他沒有被權利所腐化。林肯是個偉大的人，他對即使是自己的政敵也不抱個人的惡意，這在政治史上是絕無僅有的。他一而再地證明了忍耐、克制和諒解的品德價值。另一方面，他的才華使得他能夠寫出其他總統沒有寫出的優美文章來鼓舞人民。林肯的平易近人，使他擁有，而且永遠擁有了平民總統的美譽。

歷史的功績和出色的品格，使得林肯在一八六四年的競選中，又一次當選為美國總統。林肯又一次勝利了。他在第二次就職演說中表明了他的追求：「堅持正義，因為上帝使我們懂得了正義。」

但是，不正義的槍聲罪惡地響起來了！

一八六五年四月十四日，林肯在福特劇場看戲時被南方邦聯的同情者約翰・威爾克斯・布斯所射出的子彈擊倒了。

林肯的身體永遠倒下了。但是，他的形象卻高高的矗立在歷史的山崗，永遠不倒，絕對不倒！

105 流淚的告別

一八六一年二月十一日，天氣寒冷，煙雨濛濛。林肯一行人要離開春田市，前往華盛頓就任總統。

數千人擁擠在車站上為林肯送行。林肯原來並不打算說話，所以他事先告訴新聞界，不必來車站採訪。但是，當他和家鄉的朋友最後握別時，他忍不住自己的感情。他取下帽子，沉靜地站著，舉手要人們靜下來。

他說：「朋友們，只要不處在我的境地，無論是誰都無法理解我離別時的悲傷之感。我的一切都要歸功於這個地方和大家的關照。在這裡，我住了四分之一個世紀，由一個青年變成了老人。我的孩子都出生在這裡，還有一個孩子被埋葬在這裡。現在我要離別了。我面前的責任比當年落在華盛頓肩上的還要重大。我不知道我什麼時候能回來？也不知道我能否回來？……我親切地向你們告別！」

人們看見林肯的眼睛裡含著熱淚。

據說，這是林肯生平中僅有的兩次流淚演說中的一次。

106 願上帝保佑你

離開春田市那天，有位身穿胡桃色斜布紋褲子的老農民走到林肯身邊。天色才剛矇矇亮他就起身出發，騎馬趕了好幾哩路才來到這裡。

老人年紀大了，腰彎背駝，兩隻眼睛幾乎什麼也看不見。

老人靠近林肯的臉，凝視著林肯臉上的皺紋，情不自禁地掉下眼淚，然後低聲說道：「原來是你啊！還是老樣子。」他握著林肯的手，連連說道：「願上帝保佑你！林肯先生。」林肯先生很是感動。

107 不忘民眾

林肯先生在從政的道路上時刻不忘民眾的心聲。他曾經這樣說過：「我非常看重民眾，有如一位老朋友所說的他對女人的思念一樣。他說他的第一位太太是自己事業中一位得力的助手，自從她死後，他心想他的事業完蛋了，他再也找不到這樣的太太來接替她的位置了。但是他最後又娶了一位太太，他發現她所表現的和第一位太太一樣出色。所以，他得出一個結論：任何女人，只要你待她好，她就會有很好的表現。由此，我想，只要我們對這個國家的民眾有周全的照顧，他們就會有良好的表現。」

林肯也曾經把下面這句話作為自己的格言：「民眾所思考的總是比政客所思考的，離真理來得更加接近。」

108 酒鬼被感動了

林肯的列車停靠在俄亥俄州的車站上，一大群人們擁擠在那裡迎接他的到來。

這時有一個酒鬼突然大聲叫喊：「喂，林肯先生，我投票選舉的人要比你長相漂亮得多！」

這個酒鬼的好鬥引起了周圍人們的不滿，想把他趕走。

林肯制止了別人的舉動，他說：「我想會會這個人，請他到前面來。」

於是，這個醉醺醺的酒鬼就站到了林肯的面前。

林肯仍然站著沒有動，他看了看這位酒鬼，發現他的神志並沒有完全糊塗，所以就對他說：「朋友，雖然你沒有選我，但是我已經當選了，成為你的總統。我正要到華盛頓去，擔負起一個非常艱難的工作，我需要得到你和大家的支持。你願意幫助我麼？」

林肯的話說得很誠懇，那好鬥的酒鬼感動了，他回答說：「當然，當然！林肯先生，我願意幫助你！」

林肯一生幾乎沒有敵人，他是一個連敵人都不得不為他「偉大人格」所感召的——美國英雄！

109 我是被偶然選中的工具

從春田市到華盛頓的旅途中，林肯的足跡遍及各主要城市，同千百萬想見見他這位美國政治舞台上的中心人物的民眾見了面，並發表了幾十次演講。

在印第安納州，林肯謙虛地對人們說，他自己只是一個偉大事業中的「一件工具，一件被偶然選中的工具。」

林肯一再重複的個人謙虛之言，在紐約州的議會大廳裡又被強調了：「不是我故作謙虛，的確，我是所有被推舉到總統這個職位上的人中出身最微賤的人，可是我要完成的任務，卻要比任何人都要艱巨得多。」

在賓夕法尼亞州，林肯對歡迎他的人們說：「我不敢誇耀自己帶有一個足以勝任職責的腦袋。但是，如果我自己的力量不夠的話，至少我將求助於人民大眾，我認為他們在任何情況下都不會失敗。」

110 讓我們比比看

林肯的專車到達匹茲堡。有一位挑煤的工人在人群中大聲叫道：「林肯先生，大家都說你是美國最高的人，但是我相信你一點也不比我高。」

「你走上來，」林肯回答說：「讓我們比比看！」

那個身穿勞動服的工人穿過人群，當他和總統背靠背站在一起時，人們一下子歡呼起來了，因為他們一樣高。這兩個高個子彼此握手，咧開嘴笑了起來。可是，有人不以為然，認為一個總統和一個挑煤工人混在一起成何體統，以後會把國家搞糟的。可是林肯卻為此而相當自豪。

111 偷偷溜進首都

在去華盛頓就職的途中，有人告訴林肯，他們耳聞一個暗殺的陰謀：有個名叫費爾南迪納的理髮師組織起一夥武裝黨徒，他們準備在半路尋機殺害林肯總統。所以，人們建議在夜裡就把林肯直接送到華盛頓，以免出現意外。

林肯審慎地考慮了一會兒，說：「先生們，我對這些建議很感激。但我覺得我已經答應在沿途另外兩個州進行訪問，就應該履行自己的諾言，所以不管付出多少代價，我還是必須前進。」

後來，一直到林肯完成了對原來約定的地方的訪問，他才無奈地接受朋友們的勸告，把宴會禮服換成旅行便裝，悄悄地來到華盛頓。林肯對此有些不滿，他嘀咕著：「國家總統在夜裡像個小偷一樣偷偷摸摸地溜進華盛頓，全國會怎麼想？」

112 就職演講稿丟失了

林肯先生是在春田市一家商店的樓上，準備好他就任總統的演講稿的。當他出發前往華盛頓時，他把演講稿放在一個特殊的小包裡。可是在半途，他突然發現那篇演講稿不見了。

林肯懊惱極了。他確信這篇演講稿不會再找到了。於是，林肯找來他的助手萊蒙律師，說：「萊蒙，我想我已經丟失了我那德性的證明書。」有個旅館的管事說，也許他可以找到這個丟失的小包。過了不久，那管事果然帶來了一個小包，樣子挺像，可是打開一看，卻是一瓶威士忌酒和一件骯髒的襯衣。林肯失望極了。好在最後這個小包還是找到了，而那份總統就職演講稿也是安然無恙。

113 應該萬無一失

林肯找到了就職演講稿，自然很高興。可是如何使它在發表演講前萬無一失，倒引起了大家的思考。

為此，林肯先生特別講了許多則有關的笑話，其中就有著這樣的一個笑話——林肯從前的一位朋友積蓄了五百元，他拿去把它投資在一家私人的錢莊裡。不久，這家錢莊倒閉了，他只收回十分之一的本錢。於是他把這五十元存進儲蓄銀行，心想這下該萬無一失了。可是，不久這家銀行也倒閉了，他又只收回十分之一的錢。等到他拿到五元錢後，他若有所思的想了一下，然後說：「哈，這下你變成這樣，我就可以隨身帶著你了。」於是，他把它放進了口袋裡。

林肯說完這個笑話，自己從那個曾經丟失的小包裡拿出就職演講稿，然後小心翼翼的放在自己的口袋裡。

114 就任總統

一八六一年三月四日，林肯左手按在聖經上，舉起右手，隨著首席法官覆誦了憲法規定的誓詞：「我莊嚴宣誓，我將忠實地履行合眾國總統的職責，我將盡我最大的努力保持、維護和捍衛合眾國憲法。」在國會山斜坡上的所有大炮的轟鳴聲中，林肯就任美國第十六任總統。

林肯發表的就職演說成為當時舉國矚目的中心。林肯原來演說的結尾是這樣的：「你們能容忍對政府的攻擊，我卻不能從保衛它的立場上倒退。戰爭還是和平這一個嚴肅的問題，要由你們而不是我來回答。」

後來林肯把這個結尾改了，因為他的朋友們認為，這個結尾火藥味太濃，應該用一些親切、鎮定而振奮人心的話來結束演講。所以，林肯在後來的演講中是這樣結尾的——

「我們不是敵人而是朋友。我們一定不要成為敵人。雖然目前的情勢可能有些緊張，但一定不要使我們之間親密情誼的紐帶破裂。記憶的神祕琴弦從每一個戰場和每一個愛國者的墳墓，延伸到這片廣闊國土上的每一顆跳動的心和每一個家庭，它們一定會被觸動，它們一旦被我們天性中更善良的性靈所觸動，必將高奏出聯邦的大合唱。」

後來，《紐約論壇報》在評論這篇演說時說：「對兩千萬人民來說，這個信息帶來的是一個喜訊還是噩耗，將視各人的立場而異。這個信息就是美國聯邦政府依然存在，而且還有一個偉人在當她的首腦。」

115 幫總統拿過帽子

就職宣誓的講台安置在國會大廈東門廊的台階上。林肯來到講台前，手裡拿著演講稿、一根手杖和一頂禮帽。他把手杖放在桌子下，但不知道禮帽應該放在哪裡。參議員史蒂文生・道格拉斯立刻走上去，拿走林肯不知道該放在哪裡的禮帽。

道格拉斯走下來對林肯夫人的表妹說：「如果我當不成總統，那起碼也幫總統拿過帽子。」

116 握手比劈柴還累

在祝賀總統就任的晚會上，當總統的林肯是不跳舞的，所以即時接待就代替了宮廷的四對舞。幾乎每一個參加晚會的人都要來覲見林肯先生，並且和他握手。林肯興致勃勃，完全像個小孩一樣。只是到了最後，林肯總統突然冒出一句話：「握手可真比劈柴還累！還要辛苦！」

117 為你歡呼

在參加芝加哥的一個招待會時，有位慈愛的父親帶著一個一心想看看新總統的孩子走了進來。

那孩子剛一進客廳的門，就摘下帽子揮動著致敬，高喊：「林肯萬歲！」

林肯一把抓住小孩，用雙手把他舉得很高，並輕輕地舉向天花板，大聲笑著說：「為你歡呼！」

很明顯，對於林肯來說，這樣要比彬彬有禮的握手更有趣味。

118 每人一份簽名

在一次聯誼會上，林肯看見一個女孩靦腆地向他走來。林肯彎下身子，問她需要什麼？那女孩回答說，她需要林肯總統的一份簽名。

「那麼，」林肯先生說：「這裡還有其他孩子，如果我的簽名只給了妳一個人，其他人沒有就會難過的。」

那小女孩說，這兒一共有八個孩子。

「好，親愛的。」林肯說：「妳給我八張紙，還有墨水和筆，我來看看我能為妳做些什麼？」

紙和筆拿來了，林肯先生就在擁擠的客廳裡，在每張紙上都寫了一句話，然後簽上他的名字。這樣，每個孩子都得到了一份珍貴的紀念品。

119 白活的年齡不算

林肯當了總統後，有不少人來求職，包括那些思想和精力都已經蒼老的人們。林肯對這些人的糾纏，常常講起這樣一個見證人的故事來巧妙暗示——

有位年老的見證人在庭上作證，當他被問到年齡時，他答道：「六十。」法官見他的模樣無論如何也不止六十歲，所以就再次提問，可得到的仍然是原來的回答。法官只好警告他，說是法庭知道他的實際年齡。

「是這樣的，」老頭回答說：「你是計算我在馬里蘭州所度過的那十五個年頭。那段日子簡直白活了，所以算不得數了。」

120 林肯上當了

林肯在當選總統不久，有一天，他正在辦公，有一位高高瘦瘦的鄉下人在門邊把頭伸進來，請求要見見林肯先生。

那人把破舊的褲腿塞在皮靴裡，說他來自堪薩斯州，現在到印第安納州去。因為他投了林肯的票，所以想來見見林肯。

林肯先生自然很熱情地接待了他。可是，那老鄉話說到一半，突然對林肯說：「林肯先生，你看，那窗外是棵什麼樹？」

林肯先生把頭扭向窗口，然後說：「那是一棵柏樹。」

「不，不是那棵，」老鄉接著說：「我說的是房子旁邊的那棵，你得把身子伸出去看才行。」

林肯把身子伸出窗外，看了看說：「那裡沒有任何樹呀！」

「沒有，是沒有，」那老鄉開心的笑了：「可是，你看見大篷車旁邊的那個女人和三個孩子嗎？他們是我的妻子和孩子。我跟他們說了，我要叫他們看看新當選的美國總統——現在，我做到了。再見，林肯先生。」

看著那老鄉得意地揚長而去，林肯先生知道自己上當了。

121 首次招募軍隊日

在林肯就職後不久，南軍就開始了對聯邦政府的攻擊，聯邦的旗幟在薩姆特堡壘上被南軍的炮火轟毀。

為了反擊南軍的攻擊，林肯在人民的支持下發表了宣言：「我，合眾國總統亞伯拉罕．林肯，現在根據憲法及法律授予我的權力，認為應該徵召合眾國各州民兵，總數七萬五千人，以鎮壓上述叛亂，並使法律得以徹底執行。」林肯在宣言中公開號召新建立的志願兵應該奪回「南軍從聯邦奪走」的堡壘與財產。

一八六一年四月十五日，在這個被以後的歷史稱為「林肯首次招募軍隊日」的日子，許多人同仇敵愾地參加了志願兵。那天發生的事，被視為是一次人民的起義。有一個遠在內華達州的農民寫信給林肯，勸他無論怎樣不要退讓：「你今天給他們一根手指，他們明天就會要整隻手。」

122 要和平、還是要戰爭

有一位政客一個勁地問林肯：「要和平、還是要戰爭？」

他得到的答覆是林肯的這樣一個比喻——

「你的問題使我想起發生在西部的一件事。兩個粗暴的人在玩紙牌，賭注下得很高。下到一半，其中一個人懷疑他的對手耍了花招，突然就從腰裡拔出刀，將對方的手釘在桌子上，並且大聲叫道：要是你手掌底下沒有壓著黑桃愛司（A），我就向你道歉好了。」

123 這漂亮的出租馬車是誰的

林肯總統住進了白宮後不久，林肯夫人想到自己已經是美國第一夫人，所以應該要有一輛漂亮的有車篷、有車壁的四輪大馬車。林肯對此並沒有在意，全由林肯夫人自己操辦了。

有一天，為了依順林肯夫人的意願，林肯答應和她一起坐車出遊。林肯在白宮門口發現一輛閃閃發光的漂亮的四輪大馬車。他將馬車仔細地打量了一番，問林肯夫人：「喂，這漂亮的出租馬車是誰的？」

124 拒絕享受

在林肯的許多朋友中，有許多原來是對他有成見的人們。有一位叫安娜・里奇的人跟林肯談話，她說她曾經相信許多對林肯的成見，可是令她奇怪的是她從來沒有聽說過關於林肯醉心於生活享樂的流言。林肯這樣回答——

妳這個問題使我想起我的少年時代。那年我母親給我們烘了一爐餅。這可是我們難得的生活享受。

餅燒好了，我便拿著分到的三個餅，跑到外面的樹下吃。但是，我們附近有一家人比我們更窮，他們的孩子在看到我吃餅時，就走了過來。他問我要了一個餅吃，吃完了，又伸手要。我自己想吃，但還是又給了他一個。

看著他狼吞虎咽的樣子，我問他：「你是否特別喜歡吃餅？」

「亞伯，」他懇切地說：「我想這世界上沒有誰比我更喜歡吃餅了。可是，」他深深地吸了一口氣，然後把剩下的餅屑全舔乾淨，「我看，在這世界上能吃飽肚子就是最好的事情了。」

當林肯說完這段少年往事之後，安娜·里奇似乎也明白了其中的道理。

125 腦袋開花的獅子

南北戰爭時，維吉尼亞州的一位政客建議林肯放棄薩姆特和皮肯斯城堡，以及在南方各州的其他聯邦產權。

林肯問那位政客：「你還記得獅子和樵夫的女兒這個寓言嗎？」

對方做了否定的回答。

於是，林肯對他講了以下這個故事。

林肯說道，伊索在自己的寓言中這樣寫道：一隻獅子深深愛上了一個樵夫的女兒。這個美麗的姑娘讓他去找她父親商量。獅子找到她的父親，提出要和他的女兒結婚。那位樵夫說：「你的牙齒太長了。」獅子就去看牙醫，把自己的牙齒拔掉了。他回來又向樵夫提出要娶他女兒當新娘的事。樵夫還是沒答應，說：「不行，你的爪子太長了。」獅子又去找獸醫，把自己的爪子也拔了。然後又回來要那姑娘嫁給他。這時，樵夫看到他已經解除了武裝，就把他的腦袋打開了花。

林肯最後對那位政客說：「如果別人要我做什麼，我就做什麼，那最後我會不會也像獅子那樣的下場呢？」

126 林肯妙招逐客

林肯生病了，可是前來求職的人依然絡繹不絕。

林肯有點討厭這些死纏爛打的傢伙的嘮叨。

那天，剛好又有一個求職者來到林肯這裡。他一屁股坐下就擺開一副想要長談的樣子。

這時，正好總統的醫生走進屋裡，林肯就伸出雙手對醫生說：「醫生，你看這些疙瘩到底是怎麼一回事？」

「這是假天花，也可能是輕度天花。」醫生認真地回答。

「我全身都長滿了。你看，這種病是不是會傳染？」

「傳染性確實相當強。」醫生肯定地說道。

就在林肯和醫生的一問一答中，那個求職者已經站起來了，他大聲對林肯說：

「哦，林肯先生，我該走了，我只是來看望你一下。」

「啊，你可以再坐一會兒，別這麼急著走嘛！」林肯開心的說著。

「謝謝你！林肯先生，我以後再來拜訪你。」那人說著，急忙向門外走去，一轉身就不見了。

127 等你長出頭髮後再來

有位來自費城的傢伙三番五次來找林肯，無端地佔用了林肯的大量時間。林肯在實在無奈之中，想出了一個擺脫他的辦法。

當那人又一次來訪時，林肯打斷了他的話，朝屋角的衣櫃走去。他從架子上拿出一個瓶子，對那個頭髮禿得厲害的來訪者說：「你試過這種生髮的玩意兒嗎？」

那人說：「沒有，先生，我從來沒有試過。」

「那好，我建議你可以試試。」林肯接著說：「我送你一瓶。要有耐心，你一定要持續地擦，要一直繼續下去。你現在先拿回去用，八至十個月後再來，告訴我療效如何？」

當那人有些狼狽地走後，林肯卻笑得前仰後合呢！

128 跟鎮長睡覺

有位政客的夫人要跟隨自己的丈夫去競選。她對她的朋友們說，如果她沒回來的話，她就是已經當上了州長夫人。

據說林肯在聽到這樁傳聞之後，便觸景生情地講了下面這個故事——

這是發生在伊利諾州的一件有趣的小事。一位先生獲得了鎮長候選人的提名。選舉的那天早晨，這位先生在離開家裡時對自己的老婆說：「太太，今天晚上妳要和本鎮的鎮長睡覺。」

可是，選舉的結果是信心十足的這位先生失敗了。

他的太太在丈夫沒有回來之前就聽說了這個消息。她立刻就穿好衣服準備出去，當她丈夫正要跨進門時，她卻要跨出門。「太太，這麼晚了，妳上哪裡去？」

她的丈夫驚奇地問道。

「哪裡去？」太太沒好氣地回答：「你今天早上不是跟我說好，我今晚應該和本鎮的鎮長睡覺嗎？既然是某某先生現在當選了，那麼我就應該上他家，去和他睡覺呀？」

那丈夫知道自己太過自信了，反而自找沒趣，急忙向老婆道歉，並買了塊織花地毯送給她，以求將功贖罪。

129 最起碼的收穫

從獲得提名開始，林肯就得到許多禮物，其中大多數是穿戴的衣服。

那天，又有一個先生送來一頂最漂亮的絲織禮帽給林肯這位總統當選者。面對這些送來的衣物，林肯開懷大笑，對太太說：「好啊，瑪麗，就算這場叫人感到難以應付的麻煩再沒有別的收穫了，我們最起碼的收穫是終於有幾套新衣服穿了，對不對？」

130 打死一隻，還有幾隻？

一八六〇年底至一八六一年初，南方有一些州宣布退出聯邦，結成新的聯盟。有些膽小的人害怕馬上採取反擊行動，會刺激某些動搖分子加入與南方同一旗幟下的陣營中去。對於這種極力主張暫緩反擊的觀點，林肯總統是這樣回答。

「如果籬笆上有三隻鴿子，你開槍打死一隻，還留下幾隻？」林肯問。

「兩隻。」那些人都這樣回答。

「哪裡有這樣的事？」林肯更正說：「一隻也不會留下的，牠們被槍聲所驚嚇，一隻也不會留下來的。」

131 我要阻止這場風暴

當南方所掀起的分裂危機達到最高峰，聯邦共和政體受到嚴重威脅時，有人問林肯，他的政策是什麼？

「我沒有政策，」林肯回答說：「我要用我的有生之年來阻止這場風暴吹垮這頂帳棚，帳棚的木樁一被拔起，我就盡快把它敲實。」

132 借我的食指和拇指幹什麼？

在聯邦分裂的事件發展到緊急關頭時，維吉尼亞州的領導人士派了一個代表團來見總統。他們極力懇求林肯採取某些妥協政策來緩和南北之間的衝突，並暗示說，要不然南方的人們就會走向難以控制的地步。

「可是你們要我怎麼辦呢？」林肯問來訪者。

「總統先生，我們請你把食指和拇指借給我們五分鐘。」其中一個代表說。他的意思就是要求林肯寫些妥協的承諾。

「我的食指和拇指？」林肯故意假作不懂他的話，「你們要我的食指和拇指幹什麼？擦鼻涕嗎？」

見林肯先生不肯妥協，這個代表團氣憤的走了。

133 赦免書

在戰爭期間，林肯先生的一位私人朋友來拜訪他。林肯剛剛寫完一份赦免書，特赦一名被處死刑的青年人。那青年人是因為在前哨擔任哨兵時睡覺而被判罪的。

林肯先生給老朋友讀了那份赦免書，然後說：「我真不想在衣服上沾滿這個可憐的青年人的血。」接著，他解釋說：「這事本來是沒有什麼好奇怪的。這是一個在農村長大的孩子，習慣上是一副天黑就睡覺。這樣的孩子叫他去放哨，難免有睡著的時候。我不能因為這事而把他槍斃了。」

134 病情還要嚴重

有個代表團勸林肯先生任命他們推荐的人擔任桑德威奇島的專員。他們說，他不僅有能力，而且身體虛弱，那地方的氣候對他會有好處。

「先生們，」林肯嘆道：「十分遺憾，另外還有八個人已經申請了這個職位，他們都比你們說的這個人病情還要嚴重呢！」

135 把官位讓給別人吧

一些共和黨人拜見林肯，想為他們的一位朋友謀取港口收稅員的職位。

「總統先生，」他們的代表說：「這位先生才華橫溢，能力非凡。一來具有出色的管理能力；二來對共和黨綱堅信不疑。閣下，這位先生在同仁中德高望重，授予他任何榮譽也不會再增加他的威信了。」

「諸位先生，」林肯面帶微笑地說：「聽到你們對這位先生的讚譽，我感到很欣慰。但我想，這位先生還是該把官位讓給別人。因為做官一不會使他獲利，二不會使他的美名增加光彩。你們說得很對，這位先生在同仁中德高望重，授予他任何榮譽也不會再增加他的光彩。那麼，任何這樣出類拔萃的人擔任如此卑微的職位，這不是太委屈了他嗎？還是把這個職位讓給其他並不重要的人物吧！

136 該給別人一個機會了

一個女人迫切地要求林肯先生授予她兒子上校軍銜。

「先生，」她對林肯陳述理由時說：「我祖父在列克星敦打過仗，我父親在紐奧良打過仗，我丈夫則是在蒙特雷陣亡的。」

「夫人，」林肯婉拒她說：「我想，妳一家已經為國家做夠了貢獻，現在該給別人一個機會了。」

137 讓高明的人都進我的內閣

那還是林肯當選總統之後的不久，有一天，春田市的銀行家布斯遇見參議員蔡斯從林肯的事務所出來。

布斯走進林肯的辦公室，說：「你不該讓那人進你的內閣。」

「你為何這樣說？」林肯問道。

「因為他自認為比你要高明得多。」

林肯接著問：「那麼，你還聽說哪些人認為他們比我高明？」

布斯說：「沒有聽說。不過，你問這幹什麼？」

「因為我想讓這些人都進我的內閣。」

138 燒掉重寫

有一天，陸軍部長史坦登向林肯抱怨一個少將，說他愛說罵人的髒話。林肯建議史坦登寫封尖刻的回信，並且說：「狠狠罵他一頓！」

史坦登立刻寫了封措辭強烈的信，然後把它交給總統看。「對！對！」林肯讚許地高聲叫道：「要的就是這樣！好好K他一頓！真寫絕了，史坦登。」但是，當史坦登摺起信放進信封時，林肯攔住他，問：「這封信，你打算怎麼辦？」

「寄出去呀！」史坦登顯然感到有點意外。

「胡扯，」林肯大聲說道：「這封信不能寄，應該把它扔進爐子裡。凡是生氣時寫的信，我都這樣處理的。這封信寫得好，因為寫信時你已經解了氣，現在感覺肯定好多了。這樣吧，燒掉它，然後另外再寫一封信。」

139 精心照料小貓們

一天，林肯去觀察設在華盛頓的陸軍電報室。

他看見三隻小貓在旁邊轉悠，喵喵直叫，好像迷了路。

林肯俯身抱起一隻小貓，說：「你的母親上哪裡去了？」

有人告訴林肯：「已經死了！」

「啊！」林肯撫摸著小貓說：「許多母親還可以為自己陣亡的孩子哀悼，而牠卻不能。」說著，林肯又把另外兩隻小貓也抱在身上，然後對鮑爾斯上校說：「上校，我希望你能保證這些失去母親的小貓們有足夠的牛奶，並得到精心的照料。」

根據當時陪同視察的霍勒斯．波特將軍回憶說，林肯總統還輕輕撫摸著小貓們，輕聲地說：「小貓咪，感謝上帝，你們是貓，不會懂得正在進行的這場戰爭有多麼可怕！」

波特將軍覺得這種情景太少見了！在一個陸軍指揮所裡，在國家歷史上一個重大軍事轉折點的前夕，竟看到曾經在《解放宣言》上簽名的那雙手，在輕輕的撫摸三隻無家可歸的小貓。

140 有備才能無患

林肯詢問華盛頓的安全情況，陸軍總司令格蘭特將軍回答說：「總統先生請放心，這座城市是注定不會落在南方邦聯的手中的。」

林肯看了將軍一眼，說：「即使這座城市注定會平安無事，你也得加強防禦，這樣就更令人放心了。因為，這使我想起一個西部老獵人的故事來。」

於是，林肯對陸軍總司令講了這樣的一個故事——

有些城裡人僱用老獵人為他們當嚮導，並對他保證說，生死絕對由上天安排。其中有個人還這樣解釋說：「你要什麼時候死，那是早已經注定的事。在這個時間之前，沒有人能夠殺死你，如果你遇上一個印第安人，也是能夠逃走的。」

「我是不懂得什麼大道理的人，」老獵人慢慢的說開了：「我也不想去冒什麼險。我總是拿著槍，以防萬一。如果我在森林裡遇到印第安人，他瞄準了我，而我沒有槍，那是糟糕的事。如果不是讓我死，而是該那印第安人死，而我沒有帶槍，同樣是件糟糕的事。」

林肯在講完這個故事後說道：「你瞧吧，就算是老獵人也懂得防衛的重要性。同樣，就算華盛頓注定不會落在敵人手中，我們也需要用槍來保護它。你說對麼？」陸軍總司令懂得了林肯的意思。

141 別用拳頭，用棍子

有一次，在華盛頓街頭發生了一場騷亂。一位軍官路過那裡，便自覺地加以阻止。可是那個帶頭騷亂的大漢卻狠狠地推了軍官一把，要他滾蛋，否則就要揍他。軍官說：「我要逮捕你！」但是，那個帶頭騷亂的大漢卻朝軍官的臉上揍了一下。

軍官馬上揮拳反擊，一下子就打在對方的下巴上，把那人打昏過去了。當那位大漢被送進醫院後，醫生說他大腦受了震盪，很可能會死去。軍官這下感到不安，他覺得自己過於猛烈，竟要了一個同胞的命。

由於這位軍官和林肯很熟，所以，他在一個與林肯相會的時候，把這件事跟林肯說了。林肯把手按在軍官的肩上，微笑著說：「回家吧！可是我給你一個忠告，以後遇到你要打的人，不要再用你的拳頭了，只消用一根打不死人的棍子之類的就行了。」

142 都像你這樣衝鋒

有一次，林肯到陸軍軍部去，一個心急火燎的軍官猛然撞到了他身上。當軍官看清是總統時，急忙說：「林肯先生，萬分抱歉！」林肯笑著說：「一分就夠了，我巴不得所有將士都像你這樣衝鋒。」

143 在敵人射程中巡視

林肯的勇敢有時是叫人吃驚的。有一次，林肯來到格蘭特將軍的司令部，提出他要視察一下前線，並且了解前方戰士的營地生活情況。

由於林肯兩條腿特別長，所以，格蘭特將軍特意給他備了一匹高大的馬。林肯穿著全套的黑色燕尾服，戴著高頂的大禮帽，在一行人中顯得特別突出。當他們來到防線的戰壕時，戰士們看到林肯總統立刻歡呼起來了。用望遠鏡看只有距離二百碼的南軍陣地，可以清楚地看到敵人軍官的眼睛都死死地盯住林肯。

格蘭特將軍提醒林肯：「總統先生，讓我們騎馬走在靠近敵人陣地的一邊吧。現在你正好在敵人的射程中，他們可能開火。因為你是唯一沒有穿軍服的，他們說不定會認出你來的。」

「不必了，」林肯笑著說：「身為全軍的指揮官，不管他心裡想什麼，但是在他的戰士面前絕不能露出半點膽怯的樣子。」

於是，林肯堅持走完了六英里路，這相當整個戰壕的長度。林肯談笑風生，使得身邊的人們都忘記了緊張，當然也忘記這是在敵軍的射程之中的巡視。

144 比報童起得更早

林肯總統早年就養成了太陽一出來就起身的習慣。一天早上，大約六點鐘的時候，人們就在白宮門口碰到了林肯總統，他正在東張西望。

「早安！總統先生，」有人向他打招呼：「你在找什麼？」

「你們早！我在找報童。你到了街口那邊，能麻煩叫一個報童來麼？」

145 如何除掉大贅瘤

幾位牧師組成代表團來拜會林肯總統。林肯和善地接待了他們。正當他們準備離開時，其中有一個牧師問道：「林肯總統，華府準備如何對待奴隸制？」

林肯先生一向以急中生智出名的，他幾乎不假思索就給予了回答：「先生們，我來告訴你們這個問題的答案。這裡的官員們對於奴隸制的處理方法，猶如一群醫生對待一個病人身上長了一個難看的大贅瘤的看法一樣。大家都同意要除掉這個大贅瘤，但是如何除掉，大家有不同的看法。有的認為用刀除掉，有的認為用外敷厲害的藥的方法來除掉，也有的建議用根繩子把它紮起來，慢慢地抽緊它，然後讓它自然脫落。諸位先生，我們的處理情況就是如此，大家堅持要除掉奴隸制，這是毫無疑問的。但是，如何除掉，我們仍有不同的意見。」

146 總統，有人行賄

政府決定要將新產的棉花收為國用。地處交通要道的梅菲斯就成為主要的棉花集散地。林肯總統委派了許多官員去駐紮稽查，不讓棉花私自外流。可是過了相當一段時間，這些官員的成績並不顯著。林肯再派人去調查，發現許多官員都受了賄。結果，私自外流的棉花船依然平穩地闖過稽查關。

林肯想起了一位住在春田市的老朋友，名叫史密斯。他在當地以童叟無欺、誠實忠信而聞名。於是林肯打電報請他來華盛頓。等他到達後，林肯懇請他接受了這個重要的位置，然後又要他小心受人行賄的危險。

這位新官去上任不久，突然打了一封電報給林肯總統，電文上面這樣寫著：「林肯總統，剛才有人出價五萬元，此數與我自己的價碼十分接近。你說教我如何辦是好？史密斯。」

147 把衛士撤走

林肯幾次不聽來自朋友們的勸告，把自己的衛士撤走。

林肯對人說：「讓這些衛士劍拔弩張地站在身邊，這對於一個共和國的總統來說，是絕對不需要的。除非他想做皇帝，或者自命為皇帝。」

148 馬車夫能看懂嗎？

林肯總統歷來主張無論是演講，還是寫文章，都應該愈短愈好，愈明白愈好。即使是在官方文件中，他也主張如此。

有一次，林肯總統給英國首相寫了一封信。國務卿史華德看了以後，建議可以多用一些外交辭令，以求適合總統的崇高身分。

林肯看了看修改過的信件問道：「國務卿先生，你以為這樣的話，英國首相能夠直截了當地了解我們的立場嗎？」

「總統先生，當然可以。」

「你以為《倫敦時報》也會明白嗎？」

「毫無疑問。」

「那英國一般處理事務的官員能否理解？」

「能理解的，這樣的英語是不會被誤解的。」

「還有，那些趕出租馬車的車夫，你以為他們也能看懂嗎？」

「很容易懂，總統先生。」

「很好，國務卿先生，我想我們就讓它照這副扮相通過吧？」

林肯爽快的在信件上簽了自己的名字。

149 水漲船高

林肯先生有一個兒時的朋友，他等到林肯當上總統後就來求職。這個人雖然沒有才華，可是要價卻很高。他向林肯提出要當的職務起碼是國家造幣廠廠長。

「我的老天，」總統驚叫道：「為什麼他不當財政部長？」

林肯後來回想了一下，他說：「也許他以為劈柴的林肯能當總統，他起碼也應該水漲船高，謀個高位。」

150 要亮光，不要聲響

南北戰爭爆發了。許多報刊在報導這場戰爭的同時，也向林肯政府提出了各種各樣的建議。有一家紐約報紙的記者上門提出了一個作戰方案。

林肯耐心聽了一會兒，然後說：

「看了你們紐約的報紙，我不禁想起一個小故事。幾年前，有個人在堪薩斯州騎馬旅行，不料他迷路了。更糟糕的是，隨著夜幕的降臨，下起了可怕的雷雨。一道道閃電照耀大地，這位喪魂落魄的農民只得下馬，借著時有時無的亮光，艱難地牽馬步行。突然，一道驚人的霹雷嚇得他雙膝跪地，他呼喊道：啊，上帝，既然你是萬能的，為什麼不能多給我閃電，少給我點雷聲。我要照耀的光亮，不要刺耳的聲響。」

151 顧左右而言他

有位民主黨政客不長鬍子和頭髮，他在國會中支持林肯，但前線不斷傳來的壞消息，使得他心神不寧。終於，他耐不住性子來找林肯。

他對林肯說：「儘管我是民主黨人，但是我還是支持了你。我認為我有權了解前線的真實情況，不管是好是壞。」

林肯仔細地聽完了他的要求。

但是由於軍事上的原因，他實在難以據實回答他的問題。

所以，最後林肯只能感嘆地說：「你的鬍子刮得可真乾淨呀！」於是，會見就此結束了。

152 挨打有好處

戰爭初期，費爾勒斯將軍占領了紐奧良附近的船島。他發布了一個解放奴隸的宣言，語氣稍顯誇張，這使得南北雙方都有人感到意外。而林肯總統卻對此保持沉默。有位朋友在見到林肯時，當面責怪他對這樣大的事情竟然如此冷漠。

「哦，」林肯先生沒有正面來反駁朋友的責備，「我對這件事的看法，和我以前認識的一位叫瓊斯的朋友對他老婆的看法極為相似。瓊斯是個善良溫順的人，可也背著怕老婆的壞名聲。有一天，有人看見他被老婆打出屋外，便對他說，任何人站著不動挨老婆的打，這樣的人吃馬鞭也活該！瓊斯則不以為然地說道：『別這樣說話，挨老婆打又傷不了自己，但是，這對老婆卻很有好處。』」

153 老帳還是消不了的人

人們問林肯，因英國的強硬要求而把那些被俘的地方行政官員交出去，對於他是否是一件恥辱。林肯先生回答道：「不錯，這對於我確實是一顆難以吞咽的苦果。然而，英國的勝利是不會永久的。等戰爭結束，我們會強盛起來，到時要她因為在我們多事之秋使我們蒙受損害來一次總清算。」

接著，林肯又用他慣以故事表達思想的辦法，講了一個有趣的故事——

在伊利諾州有一個病人，平時結怨甚多。去看望他的朋友都勸告他，由於他活不了多久了，所以應該對別人寬容，不必老是耿耿於懷。那人也覺得有道理，所以他把平時的冤家們仔細考慮了一遍。想想自己的冤家實在太多，要在短時間內全部和解，確實不是一件容易的事。看來得先解決結怨最深的人。於是，他想到了比爾・吉姆生這個老冤家。

比爾・吉姆生被請來了。那病人把手伸出來，一邊緊握他的手，一邊說他希望了結人世的恩怨，心安理得地死去。比爾感動極了，熱情地緊握這雙將死者的手，表示要對他寬恕和諒解。這樣，兩個老冤家終於在最後分手時重歸於好了。

但是，當比爾告別後準備走出房門時，這位病人卻對他大聲叫道：「比爾，現在我們是扯平了過去的恩怨，我也可以安心地死去。可是，如果我還能好起來，那麼那筆老帳還是消不了的。」

154 一大堆麻煩

林肯曾經這樣說過：「當我把一個政府的職位分派出去，我發現我招徠了一百個敵人，而只有一個朋友。」

這句話絕對是林肯的經驗之談。

有一天，就來了這樣一個死攪蠻纏的求職者。

他信誓旦旦地對林肯說，他曾經為林肯的當選做出積極的表現，也就是說他的努力使得林肯當上了總統；

所以，他有理由在林肯手下謀求一個職位。

「這麼說是你使得我當上了總統，是嗎？」林肯先生眨著眼睛問道。

「我想我是這樣做了。」

「那你給我帶來的是一大堆麻煩，這還有什麼可以表示感謝的呢！」

總統說完，就開始準備送客了。

林肯形容自己對付這些求職者時說：「我像一個人忙得不可開交地把房子這一端的房間租出去時，卻停不下來去熄滅房子另一端正在燃燒的人。」

155 這些帽子一頂好過一頂

兩個帽子商彼此之間既互相妒嫉，又激烈競爭。他們一起把自己的帽子獻給林肯總統，並準備聽取林肯的意見。

林肯仔細地觀察了兩頂帽子，這才慎重其事地說：「這些帽子是一頂比一頂好，彼此不分上下。」

156 「洪流」一直在奔流

林肯先生的記憶力是非常驚人的。

有一位先生和林肯攀談，說：「林肯先生，我想你大概已經認不出我來了。」

「才不會呢！」林肯的回答是快速的：「你的名字叫洪流，我是在十二年之前認識你的。」林肯接著報出了地點和場合。

「我很高興，」林肯先生一語雙關的說：「看到『洪流』一直在奔流。」

157 強詞不奪理

林肯先生常說，有些人即使在正題上居下風，成為輸家，也總要在其他方面強詞奪理一下，以爭回一些面子。林肯先生常常愛用下面一件小事來說明他的看法。

有一次，林肯和他的兒子在白宮吃飯。「孩子，不要用刀子來挑豆子吃。」林肯板著臉孔說：「那是不禮貌的。」

「可是，爸爸，」孩子馬上說：「我吃飯時，你這樣用眼睛盯住我，難道這就有禮貌了嗎？」

158 小女孩的忠告

在第一次當選總統後，林肯收到一個住在紐約附近小鎮上的小女孩的來信。她在信中說，她看過林肯先生的肖像，用她的眼光看，林肯先生如果能夠留點鬍子的話，就會好看得多。

後來，林肯先生在華盛頓的途中路過紐約附近的那個小鎮，他首先想到那位和他通信的小女孩。

所以，他在演講時開心地提到那位小女孩和她的有趣的建議。

「這位小姑娘一眼就看出我的容貌是可以大大改善的。大家看到，我不是個英俊的人；而且和你們說老實話，我和我的朋友們從來沒有人認為我的這副臉孔，有什麼可以吹噓的。」

然後，他摸了摸自己的臉，繼續說：「不過，我現在倒是可以聽取這位小姑娘的忠告了。如果這位小姑娘今天在場的話，我很想和她說句話。」說著，從人群中跑出來位小姑娘，林肯抱起她，慈愛地和她親吻，同時又說希望以後能再見到她。在場的人們都被這種總統與小女孩親切動人的場面感動了。

林肯先生在以後談到促成他本人留鬍子的這段故事時，總要沉思地說：「有時一件小事，就會使我們的一生都得以改變。」

159 不流更多的血

林肯總統和陸軍部長一起視察部隊。

林肯問道：「這支部隊比起黑鷹戰爭時的部隊來，情況如何？」

「那可是好多了！」陸軍部長回答說。

「我衷心希望，這支部隊將不會比黑鷹戰中的那支部隊流更多的血。」林肯總統誠懇地祝願。

「黑鷹戰爭中的那支部隊到底流了多少血？」陸軍部長繼續問道。

「那倒只有蚊子吸去的那些血。」總統懶洋洋地答道。

160 誰來試一試

有一次，林肯寫完東西，順口問道：「今天是幾號？」身邊的工作人員回答：「三月四日。」

林肯慢吞吞的覆述著：「三月四日。」然後抬起頭來，「我當總統正好是一年。如果你們誰以為當美國總統是件好差事的話，就讓他來試一試吧！」

161 向囚犯問路

馬克廉將軍帶領軍隊開進南方後，戰局一直不理想，他不斷向陸軍部發來求援電報。林肯總統在看了他的求援電報後，他說：

「我一直以為馬克廉將軍在遊蕩著，並且迷路了。自從他到了南方後，他就一直在向別人求援，希望別人去救他，使得他能夠脫離困境。這就使得我想起了一個故事——有個人陪著自己的朋友去參觀州監獄，他們在監獄裡四處走動，什麼都看遍了。可是，當他們準備離開時，那人卻發現自己和別人走散了。他到處走動，想找一條出路，可他就是找不到有什麼出路。最後他遇到一個囚犯，那囚犯正從自己關押的牢房裡往外東張西望。那人就迫不及待的問：喂，你是怎樣繞出我現在呆著的這個鬼地方的。」

162 我願意幫他牽馬

馬克廉將軍不太了解林肯總統，加上自己身負重任，所以難免有些傲慢，常常表現出瞧不起林肯總統的樣子。有時候竟然出現他自己在和別人商談別的事情，而把林肯留在客廳裡。

他的無禮和他的輕蔑是一點也不隱瞞的，他手下的人們已經注意到了，一些報紙的記者也注意到了，並且公開評論這件事。

林肯總統自然是聰明人，他不會沒感覺到這種無禮的舉動。但是，林肯有他的過人之處，他考慮的是用人之長。他是想要馬克廉打仗，而不是能否尊敬自己。

用林肯自己的話來說就是：「只要他能夠給我們帶來成功，我都願意幫馬克廉將軍牽馬。」

163 關於被俘的母牛

馬克廉將軍為上邊老是要他彙報軍情而發火，因為他懶得如此去做。於是他來了個極端，開始把任何情況不分巨細地全都彙報上去。

有一天，林肯接到這樣一封電報，電文上寫著——

華盛頓首府，亞伯拉罕・林肯總統先生鈞鑒：

茲俘獲母牛六頭，該做如何處置？

喬治・馬克廉謹啟

不久，馬克廉將軍的辦公桌上放著這樣一封電報——

波多馬克河區，喬治・馬克廉將軍勛鑒：

關於俘獲的六頭母牛，擠奶可也！

林肯啟

164 幫我來放手

一八六二年，隨著伯恩將軍在前線打了敗仗的消息傳來，華盛頓的氣氛變得有些憂鬱。帶來這個壞消息的參謀見到總統如此憂鬱，就結巴著說一些無用的道歉話：「總統先生，我真希望能夠給你帶來好消息，而不是這樣的壞消息。」

林肯聽了這話，也理解了眼前這位參謀的苦心。他儘量自己露出微笑來寬慰他，同時也要讓他感受到愉快。

所以，林肯就隨口講了個故事——

在一個野營地，突然出現了一頭大熊，把一夥人嚇得四處逃散。爬樹的上了樹，躲到石頭後面的躲到了石頭後面。只有一個人沒有逃開，他迎面遇見了這頭大熊。他沒有來得及轉身就撞上了。於是他只好狠命地抓住大熊的兩隻耳朵不放。

這時，那些獵人從各地方走了出來，但都沒有去想任何辦法，只是嘲笑他們那位朋友那種騎虎難下的樣子。

「你還不服氣，是嗎？」

「我才不服氣呢！但是，我希望你們幫我來放手。」

林肯講完這個故事，和那位參謀一起笑了起來。他們知道現在他們需要一起努力，從敵人那裡解脫困境。

165 睜著一隻眼睛睡覺

羅斯先生半夜裡拿著中途截獲的南軍信件來見林肯總統。

他為自己驚醒了林肯總統而道歉。

「沒有關係，」林肯總統說：「你什麼時候叫醒我都可以。自從我到了華盛頓以後，我一直是睜著一隻眼睛睡覺的。我從來沒有兩隻眼睛同時閉上過，除了那些謀求職位的人來找我時。」

166 只要加個零就可以了

紐約有位律師很希望能被任命為法官。他向林肯提出的理由是現任的最高法官人數太少：「他們只有十個人，卻要管理全國的事務。」

「所以你想把他們的人數增加到一百人？」

林肯故意問這位一心想得到最高法官職位的人。

「是的，完全可以如此的。」

「這個嘛！完全不必加人，只要加個零就可以了。」

林肯總統給了一個十分直截了當的答案。

167 無法信任他

林肯的兒子泰德隨時會在白宮跑來跑去，就像許多被寵壞的孩子。這次他也利用這份特權，沒有經過允許就闖入林肯的辦公室，聽他父親的談話，並且突然大叫一聲：「媽媽說要吃飯了。」

遇到這種情況，就是外交手腕再圓滑的人也無法裝作他沒有聽到。

所有客人的眼光都投到林肯總統身上。林肯先生絲毫沒有窘迫的表情，他從沙發上站起來溫和地說：「各位，你們已經聽到了。餐廳裡的人的要求一下子就全給說了出來。我原來想訓練這個年輕人能夠走他父親的路。但是，現在看來，如果我再當選，我不得不放棄讓他做我的內閣成員的這份意圖了；因為無法相信他能夠守住內部祕密。」

168 上帝必定很喜歡他們

西部地區有一位眾議員在林肯就任期間，經常前去求見，向林肯呈交他的選民的請願書。遞交的次數多了，這位眾議員難免有些歉意，因為他的選民基本上都是一般的平民百姓。

林肯卻對此很感興趣，所以當那位眾議員表示歉意時，林肯總統馬上就說：「上帝必定喜歡他們的，要不然，他為何要造這麼多這麼多普通的老百姓。」

169 何處是地獄

俄亥俄州的參議員班傑明．維德是一個性情粗暴的政治家，他平時經常和林肯發生衝突。

這一天，班傑明又氣勢洶洶地來到林肯的總統辦公室。人還沒有站穩，就迫不及待地開口叫道：「總統先生，這個政府正在往地獄裡走！正在往地獄裡走！」他顯得有點咆哮的樣子，「閣下，你要知道，現在離地獄只有一哩路了。」

「什麼？維德，」另一位始終耐著性子聽，然後不緊不慢的說道：「這可正是這裡離國會的距離呀！」

170 總統當看門人

一位又高又瘦的人來到陸軍部。他詢問陸軍部長史坦登在不在。由於他來得太早，所以看門人回答說：「不在！」

瘦高個仔細打聽了部長平時上班的時間，然後很有禮貌地道了聲謝謝。過了一會兒，那人又來了，問看門人能否去部長辦公室通報一下，說門口有人在找他。看門人攤攤手說，他不能離開自己的崗位。

「沒有關係，我是林肯先生。你去傳話時，我來看門。你告訴他，我在門口的大廳裡等著。」說完，林肯先生就解下看門人的值勤徽章，然後就坐在看門人的椅子上，認真地看好大門。

171 你果真高興當美國總統嗎？

林肯先生最快樂的事，就是和過去的朋友圍坐在客棧的爐火旁，一起講講故事，聊聊天。所以，只要他的故人不是來找他謀官職的，他都很樂意和他們見面。一天晚上，有一位過去的故友臨行時間林肯：「喂，林肯，我要你對我說實話。告訴我，你果真高興當美國總統嗎？」

林肯先生回答說：「你有沒有聽過這樣的故事，有一個人身上塗上焦油，裝上羽毛，坐在橫木杆上，被別人抬著出城。沿途到處是歡呼的人群。人們熱情地圍住他，因為他象徵著歡樂，是節日的興奮點。聽過沒有？可是，等到大家準備離開，人群中有人問他，你是否喜歡這樣。他的答覆是什麼，你知道嗎？他說：如果不是為了這份儀式的尊嚴，他寧可自己走路。」

Lesson 06

人生智慧・生命中不熄的精神源泉

林肯是一個十分具有智慧的人。無論是他的朋友，還是他的敵人，都無可置疑地承認這一點。

林肯的智慧體現在政壇風雲中，也體現在日常生活中。它是林肯整個生命中不熄的精神源泉。

他善於杜撰一些故事來表達自己的政治或生活見解。不管是在當律師的時候，還是在當總統的時候，他都發覺，為了使別人接受自己的觀點，講些生動形象的故事，確實是個不錯的辦法。所以，他在自己的生涯中，經常運用講故事或者講俏皮話的方法，使人感到輕鬆自在，或者讓人贊同他的觀點，或者轉移別人的注意力，或者不必多費口舌，拒絕他人的要求。

林肯喜歡講幽默的故事和俏皮的笑話，朋友們稱他「能把貓逗笑」。但是，林肯的這種愛好，絕不是一種膚淺的智慧賣弄，而是一種精神的需要，更是一種智慧的閃光。

林肯曾經這樣說過：「幽默是一種潤膚膏，它使我避免了許多摩擦和痛苦。」在南北戰爭最艱難的時期，林肯就是依靠這種智慧和幽默來擺脫無盡的政治煩惱，成為振作精神的手段。他這樣告訴自己的朋友：「我之所以笑，是因為我不能哭，僅此而已，僅此而已！」

有一次，有位國會議員為了某件事情來向林肯大發牢騷。林肯又習慣成自然地說：「這使我想起了一個故事……」結果那位議員勃然大怒，「我不是來白宮聽笑話的。」

但是，林肯向他解釋，經常講些笑話，對於消除他自己的煩惱來說，是多麼的有價值！難怪美國當時的《星期六評論》告訴讀者：「美國人有一點很優越！他們擁有一位既是最高行政長官，又是頭號幽默大師的總統。」

林肯的幽默既有粗俗的村語民俚，也有高雅的雙關技巧。林肯的幽默並非永遠是平和的，相反地，它有時是鋒芒畢露的。林肯不僅笑話別人，同時也笑話自己。一個敢於自嘲的人，往往是一個自信，而且可以給別人信心的人。

林肯能把幽默感和嚴肅的態度結合起來，使得他的人格顯示了一種令人欽佩的智慧風貌和精神氣質！他精明強幹，深思熟慮，意志堅強，同時又幽默可親。林肯的智慧和幽默是林肯本身的精神財富，也是整個人類的精神財富。

172 誇大其詞

有一位客人問林肯，南軍的人數大約有多少？

林肯回答說：「大約有一百二十萬。」

「可能嗎？怎麼會有這麼多的人？」客人吃驚極了，大聲地反問道。

「自然，」林肯說：「凡是我們的將軍吃了敗仗後，他們總是說：敵人的兵力比我們多三到四倍。而我們的軍隊只有四十萬人呀！」

173 小心的吹牛者

林肯接到前方的戰況報告。報告中說戰鬥如何激烈，如何嚴酷，但在報告結尾卻只是以一個很少的死亡名單搪塞。林肯看完報告，幽默地對周圍的人們說：

有個吹牛者常常把牛皮吹過頭，而被人們嘲笑。所以他的僕人被授意在適當時候提醒他一下。那天，吹牛者又信口開河地吹起他在歐洲的見聞。他說他在歐洲見到一座建築奇大無比，長有一英里，高有半英里……他的僕人見主人牛皮又要吹破，便用腳踩了主人一下。那吹牛者馬上意識到可能又吹過頭了。

當有人追問：「這幢建築到底有多寬」時，吹牛者卻變得謹慎了，他小心地說道：「大約有一英尺吧！」

林肯說完，就把那封戰況報告扔到一邊去了。

174 老馬不值一文了

有位書法家來抄寫林肯的解放奴隸宣言，字寫得龍飛鳳舞，但卻磨贈得耽誤時間。有人埋怨不迭。林肯倒卻是輕鬆地講了一個故事：

林肯說，有一個愛爾蘭人花了九牛二虎之力去捕獲一匹老馬。當他捕獲住那匹老馬後，那老馬就一文不值了。

聽了林肯的故事，那位書法家似乎懂了點什麼！

175 流氓的自我保護

林肯提出解放黑奴的宣言，遭到南方奴隸主的反對，他們認為這是侵犯了他們的私有財產。林肯聽到這種反映時，講了他在幾年前碰到的一件事——

有個流氓無端地攻擊在街道上行走的一位安分的市民，同時還拔出左輪手槍進行威脅。被攻擊的市民突然做出了反應，從流氓手中奪過手槍。「等一等，」那個流氓說：「你必須把手槍還給我，這是我的私有財產，你無權侵犯。」

說完這個故事後，林肯意味深長地說：

「有時流氓的自我保護也是挺冠冕堂皇的。」

176 當選的肯定是位該當選的人

有人問林肯是否有再次當選總統的機會。

林肯說，他認識一個愛爾蘭老頭，這老頭總是無所不知。有一天，路旁經過一隊送葬的人。有人問老頭：「你知道這是給誰送葬？」愛爾蘭老頭肯定地回答：「我想，這個葬禮總是屬於那位躺在棺材裡的人！」

林肯接著說：「我想，至於下次的總統輪到誰，這個問題的答案跟愛爾蘭老頭的回答差不離，當選的總是該當選的人。」

177 殺了我，地球照樣轉

幾乎從林肯當選總統起，關於要暗殺他的陰謀就不斷醞釀著。

某一天的《紐約論壇報》又發表了一篇來自叛軍陣線內部的報導，說是有人正在千方百計地陰謀殺害林肯。

林肯從手下的人那裡聽到了這個報導的內容，他不動聲色地說：「我老是不明白，他們殺了我，地球不是照樣轉嗎？」接著，林肯帶有幾分諷刺意味地說：「現在收到這種消息已經司空見慣了，再也不會使我感到不安了。」

178 輪到我時，我一定喝

一批軍官在聽到來自前方的勝利消息後，他們十分高興，便叫傳令兵買來了一大桶啤酒，然後用一個大口杯輪流喝了起來。按道理，在辦公室裡是禁止喝酒的。正在這時，林肯來到了辦公室，軍官們一下子感到特別的窘迫。

當一位軍官結巴著講完事情的來由後，林肯問道：「還有沒有啤酒？」

軍官看了看已經空的啤酒桶，有點不好意思。沒想到林肯從口袋裡掏出一個兩角五分的錢幣，「再去裝一桶來。」林肯把啤酒裝在大口杯裡，讓軍官們繼續傳著喝。傳令兵問林肯是否找一個乾淨的杯子也乾上一杯，林肯說：「等輪到我時，我一定喝。」

179 我願送你一件好東西

有位政客想謀求一個好職位，所以整天糾纏著林肯。林肯實在聽厭了他的喋喋不休，於是對他說：「你懂西班牙文嗎？」

「不懂，」熱心某職的政客說：「但是，我馬上可以學。」

「好吧！」這次林肯竟然爽快地說：「等你學好了之後，再來找我，我一定送你一件好東西。」

那位政客見謀官有門，就回去埋頭苦學了很長一段時間。然後又帶著西班牙腔調和滿心的希望來見林肯。林肯看來並沒有忘記自己的許諾，他從書架上取下一本《唐吉訶德傳》送給來訪者。林肯有點愛不釋手地說：「這可真是個好東西！」

那位政客不禁傻眼。

180 今晚白宮沒有衛兵

林肯偏愛他的小兒子泰德。那天泰德到陸軍部去玩，史坦登將軍一時興起，任命他為陸軍中尉。泰德回到白宮下的第一道命令就是把白宮的衛兵撤走，然後把槍交給白宮的園丁、廚師和車夫們，讓他們代替衛兵們執行任務。

當有人把這個事情告訴林肯時，林肯並沒有感到特別的驚訝，他輕描淡寫地說：「這可是個很不錯的玩笑。」

181 我願再開一次庭

林肯喜歡覺得自己是人民的律師，而不是他們的統治者。

有一次，人們在談到林肯再獲得總統提名的可能性時，林肯說：「如果人民以為我為他們處理的案件還算不錯，那麼，就可以信賴我再開一次庭。我真的很樂意接受這樣的案子。」

182 這幅畫為何畫得妙

一位畫家到白宮來拜訪林肯。林肯接見了他。

林肯仔細地看了畫家帶來的畫像，認真地說：「這幅畫真是妙！」然後眼神裡滿含幽默之色，轉身問畫家：「你知道這是為什麼嗎？」

畫家被弄得莫名其妙，一下子答不上來。

「我來告訴你，」林肯繼續說：「這是因為你畫中的人可真難看，而我的長相確實是叫人不敢恭維！」

183 林肯的禮帽給壓扁了

某晚，林肯去拜訪史坦登將軍，隨手把一頂大禮帽放在門口的長椅上。等林肯出來，只見一位胖婦人從長椅上站起來向林肯躬了躬身子，表示問候。林肯也隨之躬躬身還禮。等胖婦人離開長椅之後，林肯才發現自己的那頂大禮帽已經被壓得扁扁的了。

林肯一邊撿起扁扁的禮帽，一邊幽默地對胖婦人說：「夫人，我本可以在妳試試之前就應和妳說明，我的禮帽是並適合妳用的。」

184 不想知道馬尾有多少毛

國會送來一封報告，有位議員對一種新炮用了長長的篇幅加以介紹。

林肯感歎地說：「看來我需要延長自己的壽命來讀完這封報告。為什麼他們不懂得這個常識？如果有人為我去買馬，我希望知道他告訴我馬的特點是什麼？而不是馬尾巴的毛有多少根？」

185 裝飾零落的美麗

那天，林肯和幾個部下在森林中散步，大家看見有些藤蔓特別漂亮，不由得讚美起來。林肯仔細地看了看，然後說：「這些藤蔓確實是美麗的。」

林肯接著指了指被藤蔓纏死的樹木，說：「只是這有點像人類的某些習慣，往往用一些美麗的東西來裝飾那些早已凋零不堪的東西。」

186 一根自由的旗杆

在一次接見會上，粗粗壯壯的俄羅斯大使和瘦瘦高高的林肯一起談話。

林肯問那位大使：「如果你不是在這個國家，而是在其他地方看見我，你是否會以為我是美國人？」

「不會，」俄羅斯大使也是一個愛開玩笑的人，他仔細瞧瞧面前這位瘦瘦高高的美國總統，笑著說：「你要是站著不動，我準以為你是一根旗杆。」

「我就是旗杆，」林肯把自己的身子故意挺得直直的，然後大聲說道：「而且是一根自由的旗杆。」

187

回家去讀聖經

有個人來找林肯，向他抱怨自己的長官，希望林肯能下令撤換這位長官。

林肯十分耐心地聽完了他的抱怨，然後說：「那麼，你回家去讀一讀聖經中的《箴言三十章・第十節》。」

那人回家去查閱聖經中林肯所指定的那段，發現上面這樣寫著：

「你不要向主人誹謗僕人，恐怕他詛咒你，你便算有罪。」

188 最好給狗讓條路

林肯善於爭辯，但他並不願意和人發生爭辯。

他對此有自己的看法，他說：「有位父親對孩子說，小心和人鬥嘴，鬥上了，就要挨得住，使對方對你當心而不小看。這雖說不錯，但畢竟不是最好的事情。最好是不要鬥嘴。沒有一個決心珍惜自己的人，還能騰出時間來做個人的意氣之爭。最好是給狗讓一條路，省得為爭個理而讓牠咬上一口：這樣，就算是殺了狗，也治不好那咬傷的傷口。」

189 他們不迅速，我迅速

有位州長電告林肯，說他們那裡部隊的糧餉延遲多日沒有發放，並且無法使財稅官們能迅速地行動起來。

林肯接到電告後，立即掐了一封帶有火氣的電報，電文倒挺簡單：「請告訴那些先生，他們行動不快一點，我將會迅速地處理他們。」

果然，那些財稅官們的行動馬上變得格外迅速了。

190 讓神學家自己去勸仗

林肯接見了一位著名的神學家。

神學家對於聯邦軍隊在主日進行打仗表示不滿，認為這影響了主的安息，所以向林肯表示個人的抗議。

林肯仔細地聽完了神學家的申訴，然後深有同感地表示：「親愛的先生，其實我們政府的觀點和你完全一樣。」

那位神學家高興極了，他多少有點虔誠地說：「總統先生，聽到你的觀點，真使我感到高興。」

「事實確實如此。可是要做到在星期日休戰，唯一的辦法就是需要你現在繼續擔負起自己的使命。」

「那是什麼使命？總統先生。」神學家問。

「就是需要你去見見南軍的將領們，讓他們停止在星期日向我們的軍隊發動進攻。你行嗎？」林肯追問道。

這下子，神學家可是啞口無言了。

191 美國式的幽默

林肯喜歡幽默。他認為美國式的幽默在於冷漠與怪異。

他曾舉過一個例子來說明他的觀點：有一個士兵和他團裡的人一起在待命作戰。那時，他們正喝著咖啡。正當他把咖啡往嘴送的時候，有一顆流彈飛過來，正好錯過他的腦袋，而把他手中的咖啡杯擊個粉碎，只留個杯子的把手在手中。那位士兵憤怒了，咆哮道：「老鄉，別來這一套了。」

「看來，」林肯說：「死亡和危險——似乎都不足打消美國士兵這份痛快的個性吧！」

192 人貴有自知之明

在戰爭處在危險的時刻，坐在辦公室裡的林肯突然興奮起來了。他對一位朋友說：「你知道某將軍是一位哲學家嗎？古人說，認識你自己。看來他已經深得其中要旨，而且又運用自如。他已經成為自己最好的知己。他知道什麼事情能做，什麼事情不能做。這無疑是一個了不起的人。」

「怎麼回事？」他的朋友感到有點莫名其妙，困惑地問道：「總統先生，你怎麼突然對其將軍有如此的好感？」朋友知道林肯先生一直對這位將軍一直很感冒。

「因為，」林肯先生眼睛中閃現出愉快的微笑，回答道：「使我感到輕鬆的是，他辭職了。這可是對國家大有益處的事情。我現在希望那些沒有才能的指揮官們都能學習這位將軍，懂得人貴有自知之明。」

193 還是折中一下吧

一八六四年元旦來了，有客人謁見總統，他對林肯祝願道：「總統先生，希望在從今天開始的一年內，我有幸祝願林肯總統完成三件事。如今這三件事僅僅是剛有眉目而已！」

「哪三件事？」林肯詢問。

「第一，願南方的叛軍能夠全部掃除；第二，願廢除奴隸的憲法修正案能夠實施；第三，願你能夠再次當選總統。」客人說得挺誠心誠意的。

「我想，」林肯微笑著回答：「還是折中一下吧！我很榮幸地接受前兩者。」

194

羊和狼對自由的理解

林肯在談到不同的人對事物的看法往往不一時，曾經說了這麼一段話——

「牧羊人從羊的身邊把狼趕走，羊為了主人救牠自由而感激他；而狼卻為了牧羊人的同一舉動而憎恨他，認為牧羊人是一個破壞自由的人。顯而易見，羊和狼對於自由的理解是不同的。在今天我們人類的同胞中，也正流行同樣不同的看法，但是，每一個人都自我標榜自己才是真正的自由愛好者。」

195 我還不算是匹太差勁的馬

當共和黨提名總統候選人的大會日期接近，林肯的熱情日漸高漲起來。林肯在再次接受總統提名後，對一些前來祝賀他的代表團說：

「你們決定在渡河的時候還是不換馬好，這是明智的選擇，省得因為換馬，而把事情弄糟。看來，我雖然不是美國最偉大的人，至少我還不算是太差勁的馬。」

196 誰更靠得住

林肯對於鑒別人具有自己的見解，有一次，他用一個比喻說出了自己的想法。

林肯說：「看見有濃煙的地方，我們就知道有火；那比一、兩個看見火的人指天誓地，告訴我們有火，要可靠得多。證人有時會做偽證，但濃煙是永遠不會的。」

197

不擠在爭吵者中間

一八六四年，共和黨內部的爭爭吵吵，比什麼都更使林肯感到煩惱。但林肯始終拒絕站到哪一派去。

有一天，有人問林肯為什麼在黨內派別爭吵時不表明自己的態度。

「多少年來我就學乖了，」林肯先生說：「在丈夫和妻子爭吵時，第三者絕對不可以站到妻子的長柄淺鍋和丈夫的斧頭把的中間去。」

198 不坐牢就能進天堂？

林肯在針對政壇上一些有過高奢望的人說：

「有些人似乎以為，只要他們不進監牢，他們就可以有機會進天堂。」

199

時機一到我就會安然死去

林肯渴求別人的了解，但他並不把這種渴求寄託在任何人身上，所以他說：

「時機一到我就會安然死去。只願那些最了解我的人都會說，我總是在我以為能夠生長的地方拔去莠草，同時栽下花卉。」

200 最短的演講

在一次升旗儀式時，林肯發表了一個簡短的演講，但它卻深深地進入了每一個聽眾的心中。這段演講只有這樣短短的一句：

「我現在的任務就是要把這面旗子升起來，如果這套裝置沒有問題的話，我一定不負使命；但一旦旗子升起以後，就要靠全體人民來維護它，讓它永遠不落！」

201 有屍體的地方，就會有禿鷹

一天，財政部長帶領一批銀行家來拜見林肯。財政部長對林肯有點敬畏，他一開口就說：「總統先生，這些先生來見閣下，是為了發行新的公債。作為銀行家，他們自然是義不容辭的維護國家的安全和利益。我完全可以保證他們對國家的忠誠。因為聖經上有這樣的經文：有財富的地方，自有真心。」

林肯仔細打量了這些具有不同動機和打算的銀行家，然後立即接上一句話：「部長先生，我想，聖經上還有這樣一段經文，也許同樣用得上。這段經文是：有屍體的地方，就會有禿鷹。」

202 無法愚弄到底

林肯曾經對一些善於投機取巧的政客，做過如此的告誡：

「如果你一旦失去了同胞的信任，你就永遠不會再得到他們的尊重和敬仰。這是千真萬確的。你可以把所有的人愚弄上一陣子；你也可以把一部分人愚弄上一輩子；但是，你無法把所有的人一直愚弄到底——」

203

財富只不過是一種累贅

林肯對於金錢並不十分看重，他經常對別人說：

「我不明白，為什麼人們竟如此熱切地追求金錢。有時候，財富其實只不過是一種累贅罷了。」

204 不要跟報紙生氣

林肯的有些朋友經常為某些報紙攻擊林肯而感到憤憤不平。

每當這個時候，林肯總是不以為然地說：

「不要跟報紙生氣，因為報紙並不是常常可靠的。也就是說，它經常是說謊，然後再說謊。讓它去吧！」

205 這筆帳可以扯平了

林肯總統正在考慮任命前任財政部長蔡斯擔任最高法院院長時——有幾位來自俄亥俄州的重要人物來華盛頓表示抗議。他們拿出蔡斯曾經親筆寫的幾封批評林肯的信。

林肯總統認真讀完了信件，然後說：「如果蔡斯先生過去曾經說過我一些難聽的話，那麼，反過來，我也曾經說過他一些難聽的話。我想，現在我們是可以扯平了。」

不久，蔡斯先生被任命為最高法院院長。

206 男人乳頭的作用

林肯總統和一位醫生騎馬經過一些巨大的防禦工事。那醫生問：「總統先生，我一直沒有看出這些工事建造了有何作用？」

「醫生，」林肯回答：「你是學醫的，我想問你一個問題：男人的乳頭有何作用？你能回答嗎？」

「不能，我說不出來。」

「好吧，讓我來告訴你，」總統半真半假地說：「如果碰巧他有了小孩，那就可以大為方便了。」

207 不讓你腐化別人

儘管政壇上無奇不有，但是，政客們都善於把自己裝扮成正人君子。林肯經過政壇的磨鍊，早就洞察了其中的實質。有一次，有人問起林肯對於職業政客的看法，林肯慢條斯理地說了一個故事——

某州有一個州長視察州立監獄，他停下來和一些犯人談話。幾乎每一個犯人都在說自己是無辜的，正受著委屈。然而，仍有一個犯人承認自己有罪和受刑公平。

「我非要赦免你不可，」州長說：「我不能讓你在這裡腐化所有善良的人。」

208

長刃無法裝進短鞘

林肯總統來到海軍少將波特的旗艦上。當波特問起總統在旗艦上睡覺的情形時，林肯說：「我睡得還好。只是長刃無法裝進短鞘，我太長了，而那個鋪位實在擱不下。」

209 城市將有傾斜的危險

有十幾位商界的顯赫人物一起來拜訪林肯。他們告訴林肯，來的都是內華達州堪稱頂樑柱的人物，想一起來和林肯商量如何在戰爭中取勝。

林肯聽完了他們的介紹，問道：「你們大家都是從同一個城市來的？都是起頂樑柱作用的人物？」

「是的！是的！」客人們紛紛點頭。

「喔，諸位先生，」林肯俏皮地說：「你們是否想過，你們一走，你們所在的城市將會有傾斜的危險呢？」

210

你能感到腳冷嗎？

林肯去一家部隊醫院視察，遇到一個比他還要高出許多的士兵。當他看到這個小夥子時，驚奇地站住了，然後伸出手說：「喂，朋友，當你腳發冷的時候，你會感覺到嗎？因為這個距離太遠了。」

211 南方真熱

林肯的一位朋友從南方聯邦軍隊的駐地回來，他一進林肯辦公室的門就大聲叫喊：「南方可真熱！」

「是的，真熱！」總統隨口而出：「我看見一位婦人不用任何加熱的東西，就直接在陽光下燙衣服；然後又看見一位婦人把自己的茶壺放到窗外，準備用陽光煮茶呢！」

林肯的朋友被他一連串妙語所吸引了。

212 我能忍受責備，但忍受不了侮辱

有位被革職的官員總是想恢復自己的官職，好幾次來白宮和林肯糾纏。當他知道自己無法恢復官職時，便對林肯大聲說：「好啊，林肯先生，你是存心不想公正地對待我。」

林肯聽到這句話，站了起來，一把抓住他的衣領，把他拖到走廊裡，然後對他說：「老兄，我警告你，可別再在這裡露面了。我忍受得住責備，可是卻忍受不住侮辱。」

213 我希望收到死人的信

有人拿著自稱是前任馬里蘭州州長所寫的信來找林肯，表示自己是忠於聯邦的，要求赦免他的過錯。

旁邊有人告訴林肯，這些書信肯定是假的，因為那位州長已經死了好幾年。持信的人感到十分難堪。但林肯並沒有責備他，只是幽默地說：「不要緊的，老兄，這不要緊。活人的信不稀奇，我倒渴望能收到死人的信件。」

214 我將在歷史上成為殉道的總統

在那個不幸的晚上，林肯總統本來並不想去劇場。

這並不是一定預感到什麼不祥的預兆，只是那天晚上演出的《我們的美國表親》這齣戲，他已經看過一遍。林肯先生喜歡有趣的事情，但不喜歡在一個地方接連看兩場戲。林肯先生不想去了，但他的夫人不答應。

因為和夫人同去戲院的朋友當中有人臨時不來了，她不願自己的丈夫也離開她，所以她堅持要林肯一起去。「好吧，」林肯在拒絕無望的情況下，就說：「好吧，我去就是。但是，假如我猜得不錯的話，我將在歷史上成為殉道的總統。」

林肯的話不幸言中。

這是他最後的智慧流露？還是命運的安排？

林肯小傳

亞伯拉罕・林肯Lincoln，Abraham（1809.2.12～1865.4.15）美國第16屆總統。出生於肯德基州霍金維爾以南一個偏遠地區的小屋中。兩歲時隨父母遷到諾布河上一個農場。一八一六年12月林肯一家遷往印第安那州西南部地區。林肯從小沒有受過什麼正規教育。但他讀過的幾本書都能夠銘記不忘，其中有威姆斯牧師的《喬治・華盛頓傳》，以及《魯濱遜飄流記》、《天路歷程》和《伊索寓言》等。

一八三〇年3月林肯全家再度搬遷到伊利諾州。這時林肯剛滿21歲。在伊利諾州安家以後林肯開始獨立生活，當過工人、水手、店員、郵遞員和土地測量員。黑鷹戰爭（一八三二）爆發後他志願應徵入伍，當選為連長。他開始鑽研法學著作，一八三六年通過律師資格考試，開業當律師。翌年遷居到伊利諾州的新州府斯普林菲爾德。一家鐵路公司聘請他擔任法律顧問。他為公司進行辯護，挫敗麥克萊恩郡對公司財產徵稅的意圖，因而得到五千美元的巨額酬金。同時他還經辦其他幾條鐵路、幾家銀行、保險公司、商號、企業的訴訟案件。林肯成為伊利諾州最卓越的律師之一。

他不但精明能幹，頭腦敏銳，始終抱著求實態度，而且為人公正，一絲不苟。林肯喜歡《聖經》，對之瞭如指掌。他對莎士比亞的作品更是愛不釋手，在談話中時常引用莎士比亞的名言，能夠背誦出大段的對白。另外，還非常欣賞拜倫和彭斯的詩篇。他在傑克遜任總統期間步入政界。在當時的卓越政治家中他最推崇亨利．克萊和丹尼埃爾．韋伯斯特，加入了克萊和韋伯斯特的輝格黨。

一八三四～一八四〇年間他4次被選入伊利諾州議會。他竭力鼓吹用該州資金建設鐵路、公路和運河綜合體系的宏偉計畫。一八四七～一八四九年在他唯一的一屆國會任期中，曾經提出逐步地和有補償地解放哥倫比亞特區奴隸的議案。他為墨西哥戰爭的英雄札卡里．泰勒競選總統奔走。泰勒當選後他希望出任聯邦土地總署專員，但未能如願。由於大失所望，此後5年他沒參加任何政治活動。一八五六年加入共和黨，他堅決認為自己是伊利諾州和西部地區共和黨的領袖。

一八六〇年5月18日林肯在芝加哥舉行的共和黨全國代表大會上被提名為總統

候選人。此後他將全部時間用於競選活動。11月6日，在總共有4位候選人參加的選舉中贏得了勝利。

林肯當選以後，南卡羅萊納州宣布退出聯邦。為了防止南方其他各州採取同樣的行動，國會提出了各種各樣的妥協方案。因此，在林肯就職之際美國面臨著一場分裂的危機。他剛剛就職就接到駐守薩姆特的部隊的報告，說如果不派兵增援或下令撤退，部隊很快就要絕糧。斯科特將軍、國務卿謝伍德等人一致勸說林肯放棄這座要塞。但是許多共和黨人卻認為，任何軟弱的表示都將給共和黨和聯邦造成災難。林肯經過研究之後終於下令組織兩支遠征軍，一支前往薩姆特解圍，另一支開赴佛羅里達州的皮肯斯要塞。然而在遠征軍到達之前，南方聯盟當局已向駐守薩姆特的安德森少校提出立即撤離要塞的要求。

由於遭到嚴辭拒絕，一八六一年4月12日黎明時分南方聯盟的炮兵部隊向薩姆特要塞開火。林肯決心保衛聯邦，他認為必須採取反對南方聯盟的立場。

薩姆特要塞遭受炮擊以後林肯要求各州州長輸送兵員，然後宣布對南方的港口實行封鎖。這是林肯以陸海軍總司令名義做出的初步決定。他相信要贏得這場戰爭必須積極作戰，於是下令直接向維吉尼亞進兵。一八六一年7月21日聯邦軍在布爾溪被擊敗，全線潰退。一八六一年11月斯科特將軍辭職。林肯任用麥克萊倫指揮全軍。但是沒有幾個月他對麥克萊倫的行動遲緩即感到不滿。此後為了給維吉尼亞方面的軍隊尋找適合的指揮官，林肯試用了一系列人員，包括波普、伯恩賽德、胡克和米德，但每個人都令他失望。與此同時林肯任命亨利・哈勒克為總司令，但是哈勒克對於制定重大決策總是優柔寡斷。

近兩年的時間聯邦軍沒有形成指揮有方的領導集團。林肯總統、哈勒克將軍和陸軍部長斯坦頓形成一個非正式的戰時委員會。除了經哈勒克下達正式命令以外，林肯還與每位將領直接聯繫。最後林肯為西部戰場物色了一位最高的指揮官。他高度評價格蘭特指揮的維克斯堡戰役。在維克斯堡無條件投降（一八六三年7月4日）9天以後，林肯致函格蘭特說：「衷心感謝您為國家所做的幾乎是無可估量的貢獻。」一八六四年3月林肯提升格蘭特為中將，授予他聯邦軍最高指揮權。陸軍部長斯坦頓負責兵員和後勤補給；總參謀長哈勒克擔任總統的顧問和總統與軍人之間的聯絡官。就這樣，林肯在組織最高司令部的過程中起了先鋒作用，他的成就是非凡的。他能夠出色地用自己的軍事天才去爭取南北戰爭的勝利。

林肯最初並不願意採取廢除奴隸制的政策。他的躊躇有幾方面的原因：第一、他是以保證不干涉各州內部的奴隸制為政綱而當選的；第二、他擔心4百萬黑奴一旦解放，會給美國的社會和政治生活帶來一些麻煩；第三、他認為必須千方百計地使蓄奴各州留在合眾國內，一旦採取廢奴主義的政策，這些州就可能脫離聯邦，參加南方聯盟。林肯曾提出一份解放計畫。按照他的建議奴隸將由國家採取施予以解放；奴隸主將得到補償，由聯邦政府分擔這筆開支；解放的過程將是逐步的、有條不紊的；解放了的奴隸將移居國外。雖然國會通過林肯計劃所需要的資金，但是沒有一個邊界蓄奴州樂意採納這項計畫。

林肯於一八六二年9月22日發表《解放宣言》草案，一八六三年1月1日頒布正式的《解放宣言》。在南北戰爭期間《宣言》解放了20萬名奴隸。林肯作為偉大的解放者而為世人所崇敬。他在世的最後兩年歡迎黑人來作客，並與黑人交朋友。從前當過奴隸的弗雷德時里克．道格拉斯寫道：「在我與林肯先生的歷次會見中，給我印象最深的一點是他沒有一絲一毫蔑視有色人種的偏見。」

林肯和大多數共和黨人商定主要的經濟目標。經他批准，共和黨人將他大力提倡的基本綱領制訂成法律，其中包括保護關稅法，國有銀行制度法，聯邦政府對建設太平洋大鐵路的資助法。在一八六四年競選時期，林肯親自制訂主要戰略，並對各州競選委員會進行指導。他竭力使盡可能多的士兵和水手參加投票。結果林肯獲得大多數民眾選票（占55％），擊敗了民主黨候選人麥克萊倫將軍。

一八六五年四月取得內戰勝利。當年四月14日晚，林肯在華盛頓福特劇院觀看喜劇《我們的美國親戚》時，被演員約翰．布斯刺殺，次日晨逝世。林肯的不幸逝世引起了國內外的巨大震動，美國人民深切哀悼他，有700多萬人停立在道路兩旁向出殯的行列致哀，有150萬人瞻仰了林肯的遺容。

林肯的悲劇成為首位被暗殺的美國總統。他為推動美國社會向前發展作出了巨大貢獻，受到美國人民的崇敬。是世界歷史中最偉大的人物之一，同時領導了拯救聯邦和結束奴隸制度的偉大鬥爭。實現了美國真正的「自由民主」。

國家圖書館出版品預行編目資料

林肯的幽默與智慧／任仲倫著，二版 --
新北市：新潮社文化事業有限公司， 2022.06
面； 公分
ISBN 978-986-316-830-0（平裝）

1. CST：林肯（Lincoln, Abraham, 1809-1865） 2. 傳記

785.28 111004195

林肯的幽默與智慧

任仲倫／著

【策　劃】林郁
【企　劃】天蠍座文創
【出　版】新潮社文化事業有限公司
電話：(02) 8666-5711
傳真：(02) 8666-5833
E-mail：service@xcsbook.com.tw

【總經銷】創智文化有限公司
新北市土城區忠承路 89 號 6F（永寧科技園區）
電話：(02) 2268-3489
傳真：(02) 2269-6560

印前作業　菩薩蠻、東豪印刷事業有限公司

初　版　2022 年 06 月